大妻ブックレット 12

地域に根ざすアントレプレナーシップ

伝統産業と革新

山田幸三［著］

目次

Ⅰ　はじめに

二〇二〇年初頭から急速に拡大した新型コロナウイルス感染症（COVID-19）は、社会や経済に大きな混乱を引き起こし、COVID-19の存在を前提にした「ウィズ・コロナ」の時代に入りました。これからのグローバル社会を生きる私たちは、ボーダレス化した経済活動のリスクに対し、COVID-19の経験から得たさまざまな教訓を活かした対応が求められます。

具体的には、多様性を維持し、一人ひとりが指示や命令がなくても活動して発展する自律した社会をどのようにして築くのか、地域の経済的な自立に資する地域活性化のためには何が必要なのかを明らかにして実現することです。

地域活性化は、日本社会の一貫した政策課題です。一九七〇年代以降では、一九七九年提唱の「一村一品運動」、一九八三年「高度技術工業集積地域開発促進法」（テクノポリス法）、一九八七年「総合保養地域整備法」（リゾート法）、一九八八年「ふるさと創生事業」（自ら考え自ら行う地域づくり事業）のような地方活性化策が展開されてきました。

国や地方の財政を通じて所得の地域間の再分配が継続して行われ、地域間の経済格差が長期的には縮小しているとする見方はあります。しかし、労働生産性（労働者一人あたり、もしくは労働一時間あたりの産出量を示す指標）の違いなどによる地域間の格差は、容易に解消しないという現実があります。

さらに、日本社会は、阪神・淡路大震災、東日本大震災、能登半島地震という歴史的災禍に見舞われました。罹災した地域の経済活動やコミュニティの自律性は大きく傷つき、その影響は社会全体に及んでいます。

二〇一四年には、「地方創生」政策が、地域活性化の重点政策として打ち出されました。「地方創生」の中心となる政策目的は、「ふるさと創生事業」のような従来型の地域振興策ではありません。「新しい地方を創り出す」ことを本来の趣旨として、自律した地域社会の創生を目指して地方の人口減少を食い止め、持続可能な地域経済を形成して日本社会の活力を維持することです。

この政策の礎となる「まち・ひと・しごと創生長期ビジョン」は、二〇一四年一二月二七日に閣議決定されました。「まち・ひと・しごと創生長期ビジョン」は、四つの基本目標として「稼ぐ地域をつくるとともに、安心して働けるようにする」「地方とのつながりを築き、地方への新しいひとの流れをつくる」「結婚・出産・子育ての希望をかなえる」「ひとが集う、安心して暮らすことができる魅力的な地域をつくる」を挙げています。

二〇一五年には、「まち・ひと・しごと創生基本方針」「まち・ひと・しごと創生総合戦略」が閣議決定され、毎年の改訂を経て、二〇二〇年一二月二〇日には、「まち・ひと・しごと創生長期ビジョン」（令和元年改訂版）と第二期「まち・ひと・しごと創生総合戦略」が、閣議決定されました。

日本では、国の規制や制度上の制約で、民間の創意工夫に富む活動が抑制されているため、「地方創生」に関しては、国の積極的な産業政策や制度的支援によって、その自由な活動を活性化せねばならないという主張がある反面、構造改革や規制緩和を推進して産業振興を図らねばならないという考えも根強くあります。

こうした経緯から、経済対策や人口減少対策を進める政策を通じて、いかにして地域活性化を図るのかは、日本社会の主要な課題の一つであり続けています。その解決には全国一律の政策によるのではなく、地域の実情や歴史的経緯を踏まえ、異なる処方箋で固有の問題に対応することが求められるはずです。

地域の事情に即した異なる処方箋で地域活性化を図ろうとすれば、そこに埋め込まれた歴史的および文化的な要因と、地域経済を支える大企業や中小企業が取引を通じて織りなす、ビジネスのための協働の仕組みを無視することはできません。

また、持続可能な地域経済を実現する駆動力として、民間企業の自律した活動が求められるのは言うまでもありません。構造改革や規制緩和によって、経済活動を支える制度設計を現代的な視点から見直し、新しい事業を立ち上げようとする企業家（アントレプレナー）を輩出するための政策や制度を充実させて、企業家精神（アントレプレナーシップ）に富む個人や企業の経済活動が自由で活発な地域社会を構築する必要があるのです。

本書では、伝統技術や技能に支えられ、長い歴史を刻む伝統産業の山中漆器と有田焼の産地を取り上げます。伝統を活かして画期的な新商品の開発に成功した、山中の我戸《がと》幹男《みきお》商店《しょうてん》と有田の百田《ももた》陶園《とうえん》という産地に根ざす小規模な企業が、ビジネスのための協働の仕組みを基盤として、国内外のデザイナーと共同で開発した新商品の事例をもとに、経営学の視点から地域活性化について考えてみます。

二つの事例の共通点は、地域に根ざして事業を営む中小ファミリービジネスがアントレプレナーシップを発揮し、旧来のモノづくりの慣行に囚われることなく産地の外の情報や知識を活用したイノベーションによって、新機軸の商品開発と事業化に成功したことです。

まず、ビジネスのための協働の仕組みである「ビジネスシステム」の考え方とその身近な事例から見ることにしましょう。

II　地域経済を支えるビジネスの仕組み

1　ビジネスシステムの視点

ビジネスシステムとは

経営学では、ある企業が他の企業と協働して顧客に価値を届けるための仕組み、すなわち「企業内ならびに企業間の協働の制度的枠組み」という「ビジネスの仕組み」を「ビジネスシステム」と呼びます[1]。私たちは日常生活に必要な商品を様々な企業や事業者から購入します。常日頃から手にしている製品やサービスの背後には企業の多岐にわたる活動があり、多くの場合、それらを調整する複雑な仕組みが隠されています。

現代のビジネスでは、一つの企業が製品やサービスに関連する活動を何もかも担うのではありません。企業は互いに自らの強みを活かし、取引を通じた協働関係をもとに経済活動を進め、新たな価値を生み出しています。

しかし、私たちが目にするのは製品やサービスであって、背後の仕組みではありません。新しい製品を手にとることはできても、どのようなビジネスシステムでつくられて店頭に届けられたのかはわからないことが多いのです。

製品やサービスの背後にある仕組みは競争相手にも見えにくいため、その仕組みの重要性と商品の競争の仕方が、多くのビジネスパーソンでさえ気づかないうちに変わってしまうことも珍しくありません。製品やサービスと違って、背後に隠れているビジネスシステムは目立たないのです。

ビジネスパーソンには、ビジネスモデルという用語の方が馴染み深いかもしれません。ビジネスモデルは、業種といった特定の文脈から切り離されたモデリングとしての設計志向が強く反映されていると言えます。

これに対して、ビジネスシステムは、人や組織の協働の制度的枠組みであり、個別の企業や産業のおかれた文脈を経路依存的、すなわち歴史的経緯、過去の決定、経験した出来事に制約を受ける傾向があると考え、その特殊性を踏まえた設計の結果として包括的にシステムを説明しようとする用語です。ただ、実際には両者を明確に線引きせずに捉えることも多いと言っていいでしょう。

次に、私たちの日常生活に深く入り込んだビジネスシステムについて、いくつかの例を見ておきましょう。

宅急便事業とハブ・アンド・スポークのシステム

日常生活に浸透し、社会インフラ（社会基盤）となったサービスに宅配便があります。宅配便の原点は、一九七一年にヤマト運輸二代目社長に就任した小倉昌男が、一九七六年に「宅急便」の商標で開始した個人向け宅配サービス事業です。個人客が対象の宅配サービスでは利益が出せないという輸送業界の常識を覆し、「翌日配達」を確実に期待させる画期的なビジネスでした。

小倉昌男は、宅急便の開始時に小包や小荷物の個人宅配市場を既存の小荷物輸送機関の扱い総量二億五〇〇〇万個程度、一個あたり五〇〇円の計算で一二五〇億円市場と推定し、十分な規模のビジネスとみていました。宅急便は、損益分岐点を超えた一九八〇年度に自社だけで三三四〇万個、小倉が会長を退任する一九九五年度には六億四六五五万個を扱うまでに成長します。広範に普及した宅急便は、急激な市場成長をもたらしたイノベーション（革新）だったのです。

宅配便ビジネスの嚆矢であるヤマト運輸の宅急便事業の背後には、どのようなビジネスシステムがあったのでしょうか。

小口荷物に目をつけたヤマト運輸は、ベースと呼ばれる拠点（ハブ）から自転車の車輪のように放射線状に配送網（スポーク）を展開した、ハブ・アンド・スポークと呼ばれる輸送ネットワークをつくりあげました。各都道府県に最低一か所のベースを設け、一つのハブとなるベースから伸びた二〇前後のスポークの先にセンターがあり、さらにその先に取次店を設けるという集配送のネットワークをつくり上げたのです。宅急便事業を開始した一九七六年には、四五のベースと九〇〇のセンターを設置しました。

ヤマト運輸は、ハブ・アンド・スポークのネットワークを基盤に「翌日配送」「地域別均一料金」をパッケージにして顧客への訴求力を高めることに成功しました。

企業内と企業間のビジネスシステムをつくり、それを機能させたことが宅急便事業を成長させたのです。地域で馴染みのある米屋さんや酒屋さんを取次店として荷受けし、一個の荷物から受け付けるサービスで始まりましたが、コンビニエンスストアへ持ち込んだ宅急便・宅配便が全国各地へ翌日に届くのは、今や私たちの生活で「当たり前」になりました。

コンビニエンスストアとフランチャイズのシステム

コンビニエンスストアも生活に欠かせない存在になりました。コンビニエンスストアの業界（コンビニ業界）も、独自のビジネスシステムに支えられています。

コンビニエンスストアの生命線は利便性です。時間に捉われずに便利さを求める若者や学生、単身赴任者を主な顧客として一九八〇年代に成長しました。時間と場所の制約なく生活必需品を届けるため、コンビニエンスストア本部は小規模の店舗を数多く展開しました。

コンビニ業界では、自社店舗営業の百貨店やスーパーマーケットとは違い、小規模な店舗展開のためにフランチャイズ方式が導入されています。一般社団法人日本フランチャイズチェーン協会によると、フランチャイザーとしてのコンビニエンスストアの本部事業者は、契約に基づいて加盟者であるフランチャイジーに特権（自社の商標、サービス・マーク、トレード・ネームその他の営業の象徴となる標識、及び経営ノウハウを用いて、同一イメージのもとで商品販売その他の事業を行う権利）を与え、各々は法的にも財務的にも独立した経営体として共同で事業を営みます。

日本のコンビニエンスストアは、酒屋、米屋などの地域の商店主をフランチャイジーとし、店主と家族にアルバイトの従業員を加えて経営されます。コンビニエンスストアの本部は加盟店に経営指導を実施し、加盟店は経営指導料を支払ってそれに従う義務を負います。

コンビニエンスストアではまとめ買いではなく、不足した分を間に合わせる買い方が基本です。品揃えは売れ筋商品に絞り込み、商品回転率を上げて狭い店舗の空間を有効に活用します。売れ筋商品を早く見極め、すばやく店舗に供給するロジスティックスの実現を目指し、製造業者、卸業者、物流業者、情報システム業者との取引関係を基にしたビジネスシステムがつくり出されました。

しかし、新しいビジネスシステムの登場は、従来の仕組みや制度の新陳代謝を促します。コンビニ業界の成長は、卸業者が支えていた地域の独立した小売店の撤退や廃業を招き、小売店の集積である街中の商店街を衰退させました。そのコンビニ業界も今や銀行、郵便局の業務であったお金の振込みを手掛け、宅配便の配送と郵便の窓口になるというビジネスシステムによって生き残りを図っています。

こうした新しいビジネスシステムが登場した背後には、情報技術の目覚ましい進歩があります。それでは、高度化した情報技術を活かして生み出されたビジネスシステムは、どのようなものでしょうか。

プラットフォーマーとネットワーク効果

ビジネスシステムは、その時代の社会的なニーズと活用しうる技術を基盤として生み出されてきました。例えば、多機能携帯電話であるスマートフォン（smartphone）は、通話とインターネットが一台で可能な新しい情報端末の機能を持ち、「操作の簡単なモバイルパソコン」として老若男女を問わず急速に普及しました。

その携帯電話のビジネスは、機器の製造会社、電話会社、サービス提供会社によるビジネスシステムで成り立っています。ビジネスを支えるＩＴ企業は、利用者が増えるほど製品やサービスの価値が増大するネットワーク効果を活かしたシステムを生み出しました。

アメリカの巨大ＩＴ企業のグーグル（Google）、アップル（Apple）、フェイスブック（Facebook、二〇二一年一〇月二八日より社名をメタ・プラットフォームズに変更）、アマゾン（Amazon）は、各々の頭文字をとってＧＡＦＡと表示されます。

これらの企業はプラットフォーマーと呼ばれ、他社が価値創造のプロセスを進める土台のプラットフォームを提供する企業です。ＧＡＦＡというプラットフォーマーは、プラットフォームへの参加者が増えるほどＧＡＦＡの魅力が大きくなるネットワーク効果によって急速に巨大化しました。

例えば、アップルはプラットフォーマーですが、iPhone の販売で収益もあげる企業です。iPhone の価値を高めるには、多くのアプリケーション開発者が iPhone 向けのソフトウェアを開発することが重要です。アップルのハードウェア／ソフトウェアの設計能力だけで、iPhone が支持されるのではありません。iPhone にインストールされる無数のソフトウェア資産の魅力にもよるのです。

アプリケーションの開発者が増えるほど顧客にとって iPhone は魅力的になり、iPhone の顧客が増えるほどアプリケーション開発者にとって iPhone ビジネスの魅力は高まるという相互作用が、ビジネスの急速な成長に繋がっているのです。

日常生活のデジタル化は急速に進んでいます。携帯電話の普及に伴って、銀行口座の開設や振込・振替といった取引は、銀行の窓口やATMからオンライン上ですべてを完結できるネットバンキングへと変わりました。映画や鉄道・新幹線のチケットもオンラインシステムの導入で手軽に購入できます。

IT革命と呼ばれる情報通信技術の発展は、製品仕様の複雑さを低減させて工場の生産ラインの特殊性を低め、コミュニケーションコストの大幅な削減を可能にしました。あらゆる産業において、新規参入者がIT革命の成果を基にしたビジネスシステムでゲームチェンジを起こすことが日常茶飯事となるかもしれません。

このような時代の変化の中で、経済産業省は、競争力の維持と強化のためにデジタルトランスフォーメーション（Digital Transformation：DX）の推進を強く呼びかけています。

DXは、デジタル技術を活用した新しい製品やサービスの提供とビジネスモデルの開発を通じて組織文化や社会制度までも変革する取組みを指す概念です。DX推進による変革は、進化したITの普及によって人々の生活をより良くすることが目標となります。

しかし、DXを活かした組織を設計しても、協働の成果を高めるには、現場の情報と人々の意識改革や働き方の変化が必要です。意識改革や働き方の変化には一定の時間がかかり、新しい意識や変化の結果の定着には更なる時間が必要です。

こうした視点から考えると、新しいビジネスシステムの設計には、人々の知恵を受け継いで時代を超えて変革を積み重ね、長く存続する伝統産業の組織間や諸個人の協働と競争を支える制度や慣行から学べるものは多いのではないでしょうか。

京都の花街、東大阪の金型産業、宮大工の金剛組などの研究から、伝統産業のビジネスシステムの多くは、関連する人々の知恵を集めてつくり出された、いわば人々の叡知を結集、蓄積して自然発生的に生み出された点で強靭さを持つと考えられています。

伝統産業のビジネスシステムは、長い歴史的な淘汰の中での生き残りを支えてきました。現在、様々な業界で新しいビジネスシステムが生み出されていますが、取引の経緯、現場の情報、働く人々の知恵を集めて持続可能なビジネスシステムの設計を目指す限り、伝統産業のビジネスシステムに着目する意義は決して小さくありません。

2　伝統産地を支えるビジネスシステム

伝統産業のビジネスシステム

日本には、織物、漆器、醸造、染色、陶磁器、和紙のように、地域の歴史や文化を色濃く反映して、数百年にわたって産地を形成している伝統的な地場産業が数多くあります。こうした伝統産業の産地（伝統産地）では、産地固有の技術や技能が継承されています。

伝統は、一般的に「古くからの、しきたり・様式・傾向・思想・血筋など、有形無形の系統をうけ伝えること。また、うけついだ系統」あるいは「ある民族・社会・集団の中で、思想・風俗・習慣・様式・技術・しきたりなど、規範的なものとして古くから受け継がれてきた事柄。また、それらを受け伝えること」（小学館デジタル大辞泉）とされます。

一方、産地は「物品を産出する土地」（広辞苑）です。産地は多くの同業者と関連する産業の集積で形成され、一般的には一つの産業を中心に多くの関連業種で構成される地域的な広がりと捉えられます。産業集積は、「一つの比較的狭い地域に相互の関連の深い多くの企業が集積している状態をさす」と定義されます(2)。

産地のように物品の作り手が地理的に集中すると、外部経済と呼ばれる効果が生じます。これは、生産者の地理的な集中によって特定あるいは関連する業種の技術や熟練が蓄積し、個々の物品の生産に必要な費用が産地全体の生産規模拡大の影響で節約されるという経済的な効果です。外部経済効果の背後には、産地の事業者が組織的に関連性を持ち、一つのまとまったシステムとして有機的に機能するという特性があります。

二〇〇六年の中小企業白書は、歴史的な背景や特徴をもとに、産業集積を

企業城下町型集積（特定大企業の量産工場を中心に下請企業群が多数立地する集積）

都市型複合集積（戦前からの産地や軍需関連企業、戦中の疎開工場などを中心に、関連企業の都市圏集中立地によって形成された集積）
誘致型複合集積（自治体の誘致活動や工業再配置計画の推進によって形成された集積）
産地型集積（特定の業種の企業が、特定の地域に集中的に立地して形成された集積）

の四つのタイプに区別しています。(3)

その中の産地型集積には、金属洋食器、刃物の新潟県燕・三条地域、眼鏡産業の福井県鯖江地域などがあり、原材料や地域に蓄積された技術を相互に活用して成長を遂げました。

ビジネスシステムの視点は、事業者が様々な取引を通じて物品を産出し、顧客に届けるための分業関係に注目します。事業者間の関連性を考えるには、物品の作り手や売り手の取引関係に基づく分業とそのネットワークの特徴を明らかにする必要があります。

伝統産業のビジネスシステムは、産地の存続を支える技術や技能を受け継ぐ人材の育成と密接に関係し、最終顧客に価値を届けるための企業間の協働と切磋琢磨の制度的仕組みと定義され、

①技能者と経営者の二つのタイプの人材育成と技能伝承
②顧客による産地の人材育成
③過剰でない競争状態の維持

という産地全体の価値を高めて共存に悪影響を及ぼさないように強者の力を制御する要因が組み込まれています。(4)

伝統産地の生き残りには、立地状況、技能蓄積、製品特性、生産組織が相互に絡み合って影響し合っています。歴史的経緯や社会的な関係性から長期の取引関係が多く、産地に埋め込まれているかもしれません。ビジネスシステムは、事業者間の協働だけでなく職人の技術や技能を向上させる切磋琢磨の仕組みでもあり、伝統産業ゆえの特徴と言えます。

例えば、陶磁器産地は、江戸時代に幕府直轄の天領として、あるいは藩の専売制度によって支えられていました。明治維新によってそうした制度が崩壊するという環境の激変に直面しましたが、産地に根ざす事業者が中心となって復興の道を歩み出し、有田、信楽、美濃など多くの産地が現在まで生き残っています。これら陶磁器産地の存続を支えたのは、窯元を中心に取引関係を持つ事業者間の協働と、伝統技術や技能を継承する職人が切磋琢磨して育つための人材育成との仕組みというビジネスシステムです。

さらに、有田焼産地の研究は、伝統産地の風土や人々の心情について、「特殊な手工業的技術や秘法をもち、特有の精神的風土にささえられて、歴史的試練の中で淘汰され、洗練醇化されつつ生き残ったという歴史的・意識的な面における深さ」を持ち、産地の歴史や文化に関連して「産地の気風が以心伝心でもって無意識に人を教育する」という特徴を強調します(5)。

これらの特徴は、伝統産地という自意識が人々の生活環境に残っていることを反映しています。すべてに当てはまるわけではありませんが、伝統的精神と呼べる意識に基づく気風が今に残り、伝統産地の生き残りに少なからず影響するのでしょう。

本書では、伝統工芸品の漆器と陶磁器の代表的な産地の事例を取り上げます。具体的な考察の前に、地場産業と伝統工芸産業の特徴を整理しておきましょう。

地場産業としての伝統工芸品産業(6)

地場産業は、

①特定の地域に起こった時期が古く伝統のある産地である
②特定の地域に同一業種の中小零細企業が地域的企業集団を形成して集中立地する
③生産・販売構造が社会的な分業体制を持つ
④他の地域ではあまり産出しない、その地域独自の特産品を生産
⑤市場を広く全国や海外に求めて製品を販売する

という五つの特性を備えています。

さらに、地場産業の産地には、

①多種多様な形で存立する
②生産の部分工程を担当する専門業者がある
③統括者として生産の分業体制の扇の要的な地位に位置する産地企業がある
④統括者としての産地企業は上位にあって専門業者としての産地企業を従えている
⑤統括者と専門業者のいずれの産地企業も零細である

⑥産地で細分化された生産工程の担当の多くは専門業者と内職で仕事をする家庭である
⑦専門業者の生産方法はきわめて労働集約的である

という七つの特徴があるとされます。もちろん、地場産業には機械化の進んだ産地があります。これらの特徴は、漆器や陶磁器のような伝統工芸品の産地にもあてはまります。伝統工芸品は、「伝統的工芸品産業の振興に関する法律（伝産法）」の規定をもとに産業の振興が図られました。この法律では、伝統的工芸品について、

①工芸品である
②主として日常生活の用に供される
③製造工程の主要部分が手工業的である
④伝統的な技術または技法により製造される
⑤伝統的に使用されてきた原材料が主たる原材料として使用され、製造されている
⑥一定の地域において少なくない数の者がその製造を行い、またはその製造に従事している

という六つの指定要件があります。

伝統工芸品の産地では、伝統技術を次代へ継承していく人材の育成が必要です。伝統技術や技法を継承する人材育成や産地ブランドの形成には、人間国宝（重要無形文化財保持者）や伝統工芸士が中心となっている例が珍しくありません(7)。

伝統産地は、古くから継承してきたものを伝えるだけで長く生き残ってきたわけではありません。売

上高や出荷額が低下する厳しい環境に直面する産地でも、伝統技術を基にした新商品開発や第二創業と呼ばれる事業構成の大幅な組み替えは珍しくないのです。長く受け継ぐ伝統技術や技能を活かし、現代的な価値の創造に挑む事業者は、伝統を継承する中で新機軸を打ち出して新たな市場を開拓しようと試みています。

産地の生き残りには産地間の競争に勝ち抜くことが必要ですが、従来の延長線上にある発想のモノづくりでは十分とは言えません。産地の常識に囚われずにリスクを取って挑戦し、新しい価値を提案する企業家精神に富む事業者の活躍が求められているのです。

次に、そうした事業者たちの活動を理解するために、企業家精神と翻訳されるアントレプレナーシップ（entrepreneurship）を発揮し、社会に価値をもたらす革新であるイノベーション（innovation）を構想して遂行するアントレプレナー（entrepreneur）と呼ばれる企業家について考えてみましょう。

注

（1）加護野他［二〇〇八］六頁。
（2）伊丹［一九九八］二頁。
（3）企業城下町型集積にはトヨタ自動車を中心とする愛知県豊田市周辺地域、都市型複合集積には東京都城南地域、大阪府東大阪地域、誘致型複合集積には岩手県北上川流域地域、山梨県甲府地域などがある。中小企業白書［二〇〇六］第四章第一節参照（中小企業白書　二〇〇六年版（ndl.go.jp））。
（4）加護野［二〇〇七］一〇九頁、一一七頁。
（5）下平尾［一九七八］ⅶ頁、二五～二七頁。

（6）山崎［一九七七］六〜九頁、九二〜九七頁。

（7）人間国宝は、重要無形文化財保持者として個別認定された人物を指す通称である。無形文化財は演劇、音楽、工芸技術その他の無形の文化的所産でわが国の歴史、および芸術の上で価値の高いもの（文化財保護法第二条第一項第二号）を指し、とくに重要な場合、文部科学大臣が重要無形文化財に指定する（同法第七十一条第一項）。伝統工芸士認定事業は、伝産法の第二十四条第八号の規定を基に財団法人伝統的工芸品産業振興協会が実施し、試験に合格すると称号が贈られる。伝統工芸士は、産地の高度な伝統的技術の保持者として伝統工芸士会を構成し、相互交流と活動を通じて産業振興に努める。一九九二（平成四）年からの法改正では伝統工芸士に求める経験年数が二〇年以上から一二年以上に短縮され、終身認定登録になった。

Ⅲ　アントレプレナーとオープン・イノベーション

1　アントレプレナーとはどのような人々なのか

現代社会で活躍するアントレプレナー

私たちの日常生活に欠かせない製品やサービスには、アントレプレナーの独創的な発想と活動が生み出したものが数多くあります。新しい製品やサービスを開発し、私たちの暮らしに貢献するアントレプレナーは、現代社会のシンボリックな存在として活躍しています。

パーソナルコンピュータ（ＰＣ）の基本ソフト（ＯＳ）「ウィンドウズ」を開発して情報化社会の基盤を形成したマイクロソフトのビル・ゲイツ、操作性に優れたＰＣの開発を手掛け、iPad、iPhoneを世に送り出したアップルの共同創業者スティーブ・ジョブズ、情報アクセスを飛躍的に向上させる検索エンジンを開発したグーグルのラリー・ペイジとセルゲイ・ブリン、さらには、事業の社会性を追求するザ・ボディショップのアニータ・ロディック、大胆な発言と行動で耳目を集めるテスラのイーロン・マスクのように、世界的なアントレプレナーたちの国境を超えた活動は、マスメディアを通じて日本で広く知られるようになりました。

新しい事業の創造を成し遂げた日本の経営者たち、パナソニック（松下電器産業）の松下幸之助、本田技研工業の本田宗一郎、ヤマト運輸の小倉昌男、アート引越センターの寺田千代乃は言うに及ばず、プロ野球球団のオーナーとなった楽天の三木谷浩史やディー・エヌ・エー（DeNA）の南場智子をはじめとして、日本のアントレプレナーもこれまで以上に社会的な注目を浴びています。

インターネットやSNSを通じて、アントレプレナーが自らのビジネスや社会的な活動に関して情報発信するのは日常の現象となっています。アメリカ西海岸のシリコンバレーを舞台にしたニューベンチャーの創業ストーリーや、大企業の新しいビジネスをテーマにした書籍や雑誌記事も増えました。それらは、新しいビジネスを生みだし成長させるために必要な発想、手段、手法についての解説を中心に、いかにして人材を集め、資金を調達し、さまざまな困難を乗り越えてビジネスを成功に導くのかという、ニュービジネスを興すプロセスや活動に焦点を合わせた内容が主流です。

起業というコンテキストのもとで、アントレプレナーを「起業家」、アントレプレナーシップを「起業家精神」と翻訳するのは、このことをよく表しています。アメリカのバブソン大学でニューベンチャーに関する研究と教育に携わり、多くのベンチャー企業の経営にも関わったW・D・バイグレイブとA・ザカラキスは、その著書『アントレプレナーシップ』（二〇〇九年）でアントレプレナーシップを「起業機会を実現するために行う組織づくりや起業機会を認識することに伴う活動、行動、そして機能のすべてを含む」としています[1]。

生産年齢人口が急速に減少する日本の現状では、新しいビジネスの創造が主要な課題であるのは間違いありません。経済成長の先導役を担うユニコーン企業を数多く輩出することは、その実現が容易ではなくとも日本経済にとって継続的な課題です。

しかし、ニューベンチャーの創業者だけが、アントレプレナーの活動を体現するわけではありません。一般的にアントレプレナーは「企業家」、アントレプレナーシップは「企業家精神」と翻訳されますが、アントレプレナーシップは、企業家の精神だけに関連するのではなく、新しい商品や生産方法の開発を含めた広がりのある概念です。

経営学の巨人と呼ばれ、経営思想家でもあるP・F・ドラッカーは、その著書『イノベーションと企業家精神』（一九八五年）の冒頭で、アントレプレナーシップとは「個人であれ組織であれ、独特の特性をもつ何かである」とし、「意思決定を行うことのできる人ならば、学ぶことによって、企業家的に行動することも企業家となることもできる。企業家精神とは気質ではなく行動である。しかもその基礎となるのは、勘ではなく、原理であり、方法である」と述べ、さらに「すでに行っていることをより上手に行うことよりも、まったく新しいことを行うことに価値を見出すことである」としています[2]。

こうしたことから、近年、アントレプレナーシップは「企業家活動」と翻訳されるようにもなりました[3]。アントレプレナーシップは、時代と社会の変化に対応して、リスクテイキングを厭わず、能動的に行動するアントレプレナーの活動のすべてに関わるのです。

アントレプレナーとイノベーション

アントレプレナーは、イノベーション（革新）の構想と遂行の担い手です。

現代社会は、イノベーションによる新しい製品やサービスによって生活の利便性が飛躍的に向上し、経済成長とともに企業や産業の主役交代が頻繁に起こっています。このことは、スマートフォンやタブレットＰＣの急速な普及とＳＮＳの浸透、ハイブリッドカーや高度道路交通システム（ＩＴＳ）の開発などを思い起こすとよくわかります。

イノベーションは、一般的に「何か新しいものを取り入れる、既存のものを変える」という意味を持ち、「社会に価値をもたらす革新」と定義され、革新的なアイデアや技術が製品やサービス、生産方法になって、それらが社会に受け入れられて実現します。[4] そして、経済、社会、企業とのかかわりで、

①経済成長を牽引する
②生活の質を根本的に変える
③企業の盛衰に影響する

という役割を果たしています。

ちなみに「革新」は、基本的にはそれまでの制度、慣習、方法などを変えて新しくすることを指します。

イノベーションは、いくつかの観点で区別できます。基本的には、新製品の導入や既存の製品の品質改善に伴うプロダクト・イノベーションと、企業の生産性を向上させる新たな生産や流通の方法に伴う

プロセス・イノベーションに分けて考えられます。また、新技術を基に従来の製品とはまったく異なる新しい製品を生み出すラディカル・イノベーションと、既存製品を改良して機能を向上させるインクリメンタル・イノベーションに区別できます。

二〇世紀を代表する経済学者J・A・シュンペーターの著書『経済発展の理論』（一九二六年）では、アントレプレナーは、「新結合」を遂行する人とされています。「新結合」の内容は、

①新しい生産物（財貨）の創出
②新しい生産方法の導入
③新しい販路の開拓
④原料あるいは半製品の新しい供給源の獲得
⑤新しい組織

の実現の五つです。

「郵便馬車をいくら連続的に加えても、それによってけっして鉄道をうることはできないであろう[5]」と言うシュンペーターの「新結合」、すなわち生産要素の新たな結合はイノベーションを指します。イノベーションを構想して実行に移すアントレプレナーは、資本主義経済を発展させる原動力として決定的な役割を果たすと考えられました。

シュンペーターは、その著書『資本主義・社会主義・民主主義』（一九四二年）の第三版で、新製品や新技術という競争における本質的要素を見逃してしまう理論構造、すなわち新結合の担い手であるア

ントレプレナーの登場しない論理は、「たとえそれが事実と論理において正しいとしても、それはまさにデンマークの王子のいない『ハムレット』のごときものにすぎない」とし、アントレプレナーの役割の重要性を強調しています(6)。

シュンペーターとは、対照的なアントレプレナー像も描かれました。

私たちの社会には、だれもが気付かなかった小さな変革の機会を従来の常識に囚われずにすばやく察知して成長の機会を見出すという進取の精神に富むアントレプレナーが多く見られます。世の中を大きく変えるイノベーションではありませんが、そうしたアントレプレナーの構想と遂行によって生み出される製品やサービスが新たな価値を創り、日常生活の問題を解決するのは珍しいことではありません。

ニューヨーク大学の経済学者I・M・カーズナーは、誰も気づかなかった潜在的な可能性をもつ資源や生産方法に機敏に気づいた発見者、すなわち「利用されていない機会を見出す能力」を持つ機敏な革新者をアントレプレナーとしました(7)。カーズナーの描くアントレプレナーの機敏さは、過去の意味づけや常識とされる思考の枠組みに囚われない柔軟な発想と先駆者としての行動を伴います。

私たちは、アントレプレナーシップとイノベーションを先端的な技術開発やその成果と結びつけて考えがちです。しかし、前述したドラッカーは、アントレプレナーシップがビジネスに関わる特定の産業や組織だけではなく、経済社会を構成するプレーヤー全体に必要とされているのだと主張します。アントレプレナーシップとイノベーションが先端的なハイテク産業だけに関わると思い込む危うさは、ビジネススクールで実践的知識や分析手法を重視する立場であるほど心に留めておく必要があります。

アントレプレナーは決して特別な人間ではなく、アントレプレナーシップは先天的な特別の能力がなければ発揮できないわけではありません。スタートアップか既存の企業かという企業の新旧や年齢、さらには中小企業か大企業かという企業の規模で画一的に決まるものでもありません。アントレプレナーは、上手く仕事をするよりも新しいことに価値を見出し、イノベーションを構想して遂行します。それは、原理に基づき、体系的な知識を習得して真摯に取り組めば、誰にとっても不可能ではないと言えるのではないでしょうか。

2　オープン・イノベーションと辺境の創造性

オープン・イノベーションの視点

ハーバード・ビジネス・スクールのH・W・チェスブロウは、新しい製品の開発プロセスでは、通常、企業内部の研究開発投資で新技術を開発できれば、その技術を用いた新製品の販売で売上、利益を増加させ、更なる研究開発投資を続けることができるという、研究開発から事業化し、収益化するまでのプロセスを自社で行う従来型のイノベーションをクローズド・イノベーションと呼びました。

チェスブロウは大企業の失敗の理由を内向きの論理に求め、イノベーションのプロセスをクローズドからオープンに変える必要性を説き、「企業内部と外部のアイデアを有機的に結合させ、価値を創造する」オープン・イノベーション（open innovation）の概念を提唱します。この概念は、後日「自社のビジネスにおいて社外のアイデアを今まで以上に活用し、未活用のアイデアを他社に今まで以上に活用してもらうこと」と再定義されました[8]。

オープン・イノベーションという現象は、企業の日常的な商品開発において一定程度見られるはずです。このことは、企業の内外で知識の還流がまったく生じないような「オープンでないイノベーションがあるのか」という問いを立ててみると理解できます。

しかし、オープン・イノベーションの発想は、ヒト、モノ、カネ、情報という経営資源が潤沢ではない中小企業には外部の情報や知識の活用に繋がります。日本では、独立行政法人中小企業基盤整備機構が主導し、オープン・イノベーションを通じて革新的な技術蓄積のある中小企業が従来の枠組みを超えて連携を図りました。基軸となる技術やノウハウを活用し、現代のニーズに応える新商品開発を試みる中小企業にこそ、オープン・イノベーションの発想が求められるでしょう。

辺境の創造性

業界の企業を相対的に捉え、業界情報、知識、人材、資金という経営資源の蓄積の豊富な中枢企業に対して、経営資源や顧客市場の規模に恵まれない企業を辺境企業と位置付けると、イノベーションの主役が辺境企業であることは珍しくありません。こうした現象を経営学では「辺境の創造性」と呼びます[9]。

例えば、宅急便を急成長させたヤマト運輸は、一九一九年にスタートした小規模なトラック運送会社です。宅配便事業の立ち上げは、第一次オイルショックで業績が悪化し、個人向け小口荷物市場への進出がきっかけでした。引っ越し業界で総合サービスの原型をつくったのは、大阪府大東市の小さな下請け運送会社の寺田運送、現在のアート引越センターです。また、日常生活に溶け込んだファミリーレストランという業態を生み出したのは、東京郊外の食品スーパーことぶき食品をルーツとする、すかいらーくでした。辺境企業が創り出した宅配便や引っ越しビジネスは、生活に不可欠な社会インフラへと成長しています。

経営資源が慢性的に不足している辺境企業は、経営環境の変化に敏感でなければ、存亡の危機に晒されてしまうほど脆弱です。しかし、辺境企業は、その脆弱性ゆえに環境変化に対する敏感さ、とくに中枢企業が見逃しやすい小さな変化に敏感で、その敏感さが新しいビジネスの発見に繋がります。そして、経営資源の不足を補う知恵の動員とアイデアの発露を促して、通念に囚われずに創造的なコンセプトを生み出せます。経営資源の不足や脆弱性への不満が、辺境企業に創造性へつながる心理的なエネルギーを供給してくれるのです。

逆に、中枢企業は、社業の発展と安定に伴って経営環境に対する凝り固まった認識や思考の枠組みを共有するという保守性が顕著に表れます。経営資源の豊かな中枢企業は、環境の中の小さな変化を無視しても直ちに崩壊の危機を招きません。そのため、自らの思考の枠組みに合う情報だけを選択して取り込み、合わない情報は内部で淘汰されてしまうのです。

このように、環境の変化に対する鈍感さは、事業機会の見逃しや新しい市場開拓の回避につながり、新機軸に挑もうとする心理的エネルギーを低下させ、アントレプレナーシップの衰退という深刻な問題となってしまうリスクがあります。

伝統産地で活動する企業に視点を移して考えてみましょう。伝統産地を拠点とする企業は、代々受け継ぐ伝統的な様式や技術を反映する商品を主力として存続してきました。中枢企業は、重代で継承した技術や技能とブランドを核として、生産と雇用の創出を通じて地域経済を支える役割を果たしています。しかし、確立したブランドを持つがゆえに、新機軸への挑戦は簡単ではありません。逆に、辺境企業は、中枢企業ほどのブランドはなく、果敢に新機軸に取り組んで新しい価値の提供を試みることができます。

産地に根ざすファミリービジネス

地域は、一般的には特定の地理的な空間を意味する言葉ですが、他の地域と異なる特徴を持つ場合、それをビジネスに必要なインプットとして活用できます。産地で長く事業を営む企業は、地域の歴史や文化を共有し、顔の見える取引関係が成立しています。

産地に根ざす企業には、拠点とする地域の経済や社会を直接的もしくは間接的に支えているファミリービジネスが珍しくありません。ここでは、ファミリービジネスを株式公開企業か非公開企業かにかかわらず、一族が株式または議決権の最大部分を握り、一人または複数の親族が経営の要職に就いている企業と考えましょう。

日本は、世界に冠たるファミリービジネス大国です。ファミリービジネス白書企画編集委員会編［二〇二一］によれば、ファミリービジネスの比率は、上場・非上場を含む全企業で九六・九%を占め、上場企業のファミリービジネス比率は、四九・三％です。

ファミリービジネスは、発展途上国に比較的多く、前近代的なイメージを持たれがちですが、伝統を墨守する旧態依然とした企業ばかりではありません。地域に根ざす、いわば土着のファミリービジネスの経営者は、経済的利益よりも事業の存続を長い目で重視し、環境の変化に合った新機軸で第二創業を実現した事例も珍しくはありません。

アントレプレナーの役割を担うには、不可能を可能にする強い意志を持ち、夢の実現に向かって人々と協力して歩みを進めていかなければなりません。

伝統産地で長年蓄積してきた技術や技法を活用して、経済的および社会的な価値を生み出すにはイノベーションが必要です。イノベーション創出の主役は、地域に根ざして課題を克服し、事業を承継してきたファミリービジネスのアントレプレナーかもしれません。

次章からは、漆器と陶磁器の代表的な産地に根ざすファミリービジネスのアントレプレナーが、ビジネスシステムの中で外部の専門家と取り組んだオープン・イノベーションによる新商品開発の事例を見ることにしましょう。

注

（1）　バイグレイブ＆ザカラキス［二〇〇九］三頁。

（2）　ドラッカー［一九八五］二～三頁。アントレプレナーの多様性は、山田・江島編［二〇一七］参照。

（3）コーチングの用語では、「シップ」を「～のあり方」と表すとされ、リーダーやアントレプレナーのような名詞につける場合、接尾辞として状態・身分・職・任期・技量・手腕などを示す名詞をつくる。
（4）一橋大学イノベーション研究センター編［二〇二二］一頁、三頁、六～九頁。
（5）シュンペーター［一九七七］一八〇頁。
（6）シュンペーター［一九六二］一五五頁。
（7）カーズナー［二〇〇一］一二六～一二七頁。
（8）チェスブロウ［二〇〇三］五頁、八頁。チェスブロウ［二〇〇六］xi頁。
（9）伊丹・加護野［二〇〇三］四八四～四八九頁。

Ⅳ　新しい山中漆器——我戸幹男商店の「KARMI」シリーズ開発

ここでは、日本を代表する伝統工芸品である山中漆器の産地（山中）で、小規模ながらも新機軸に挑んだ株式会社我戸《がと》幹男《みきお》商店の新商品「KARMI」開発の事例を見てみましょう[1]。

山中漆器は「木地の山中」と呼ばれ、「塗りの輪島」の輪島塗、「蒔絵の金沢」の金沢漆器と並び称されます。山中は全国最大の漆器産地で伝統工芸品の木製漆器とプラスチック製の近代漆器を産出します。我戸幹男商店は、近年、伝統的な木製漆器分野で新しい山中漆器に挑む先駆的な事業者として国内外で高い評価を受けています。

1　木地の山中

山中漆器の発祥

山中は、石川県加賀市山中町の山中温泉一帯に立地し、全国に二三ある「伝統的工芸品」の指定を受けた日本の代表的な漆器産地の一つです。

山中漆器もしくは山中塗と呼ばれる漆器には、木が育つ方向に器の形を取る縦木取《たてきど》りによる木目模様を生かした自然な風合いの表現や、木地の表面に並行筋や渦巻き線などの模様を装飾する技法の加飾挽きによって、千筋などの様々な模様を施す特徴があります（四六頁参照）。

縦木取りは乾燥による歪みが少なく縁を割れにくくし、堅牢で細部までこだわり抜かれた漆器の精巧な仕上げが可能です。漆器は、木地屋、下地屋、塗師屋、蒔絵屋の専門職人の分業で製作されます。山中には、轆轤《ろくろ》で椀や盆の木工品を加工・製造する職人の木地師《きじし》が多く、木材を回しつつ刃で削り出して器物の作成、装飾を施す挽物《ひきもの》木地の生産量は全国一です。

山中漆器漆工史編集委員会『山中漆工史』の冒頭には、「山中漆器の誕生は木地師から初まる」と記され、山中の発祥が山中温泉上流の西谷村真砂集落で、諸国山林伐採許可状を持って各地を漂泊して歩き、挽物の器を作って生計を立てた職人集団が、安土桃山時代に良木を求めて移り住んだことに端を発するとしています。当初は杓子、椀、盆などの日用品を製作し、下流に位置する山中温泉と交流が深まって湯桶などを作り始めたようです。

こうした経緯から、山中の主要な漆器問屋は湯宿であった可能性があります。このことは、塗師《ぬし》が問屋を兼ねた輪島塗の産地とは異なって、山中で生産者と販売者（漆器問屋）が分離する背景となり、市場の需要変動に感度を高めた理由と考えられています。

山中の技法やブランドは、江戸時代に広く知られるようになります。『山中町史』によれば、木地挽きの技術は、川下へ伝わって石川県我谷村の我谷盆《わがたぼん》が製作され、正徳年間（一七一一～一六年）には湯治客向けの挽物のお土産、元禄年間（一六八八～一七〇四年）には燭台、茶托、温泉土産物用の玩具なども製作されました。

一七〇〇年代半ば以降には漆塗り（栗色塗）の技術が京都からもたらされ、産地の漆器問屋が大坂と京都への販路を拓いて、山中塗の名前が全国に知れ渡るようになりました。

一八〇〇年代に入ると、京都、会津、金沢から蒔絵の技法がもたらされ、それを契機に多くの職人が漆器の技法、デザインの改良を図りました。天保年間（一八三〇～四四年）の蒔絵師の会津屋由蔵、弘化年間（一八四四～四八年）の糸目挽きの蓑屋平兵衛という名工を輩出し、一八四八年には問屋の山屋久三郎が木皿や筍弁当の販売を始めるという漆器問屋主導での新機軸が見られました。一八五〇年頃からは江戸への販路開拓の努力もなされました。

山中は温泉場への接遇環境を活かし、後述する垂直的な分業生産によって存続してきました。産地では、近隣の農民を主な顧客とした日常生活での常用漆器が生産されました。生産品目には常用品としての多様性があり、歴史的には市場の変化に応じて主な商品が入れ替わりました。この点で、加賀藩が庇護して金沢城下の武家や商人、寺などを主な顧客とする輪島塗や金沢漆器とは差別化されていました。

山中は、江戸時代に生産品目が多様化し、販路を開拓する問屋とその要望を叶えうる生産体制を備えて全国的な漆器の産地となったのです。

国内最大の漆器産地

明治維新の激動期を経て、交通インフラの整備が山中の更なる発展を促します。一八九七年に北陸線が開通し、一九一三年には山中と大聖寺間を結ぶ山中電鉄が開設され、関西方面の販路拡大が可能になりました。鉄道の整備は、産地の生産規模拡大の大きな要因でした。

生産面では一九一八年に電動式轆轤が普及し、一九二三年には繰り出し轆轤が考案されて木地の量産体制が確立されました。『山中町史』は、大正六（一九一七）年の品種別漆器生産高を基に、輪島が家具類、金沢が宗教具で圧倒的優勢であるのに対し、山中は飲食器とその他に含まれる玩具類などで優位を保っていることを山中の伝統的な特色と指摘しています。

山中は、産業インフラや生産技術基盤の確立によって、多様な日用品の量産と量販が可能な産地として発展します。第二次大戦後、産地の復興は急速に進みました。都市の大衆市場向け日用品の生産が、戦後の物資不足という時代の要請に合致して成長を後押し、輪島塗の生産額を凌駕したと考えられます（写真1参照）。

一九五八年頃からは、近代漆器（合成樹脂製漆器）の生産が開始されました。プラスチック素材を取り入れた合成樹脂を安価に製造できるようになって、市販の成型機が大量生産を可能にし、生活様式の変化に伴う需要の拡大が追い風となりました。

伝統的な木製漆器の生産から近代漆器の生産へと生産業者の業態転換が相次ぎ、漆器の生産は食器やインテリア用品、ブライダルギフトのように幅広い分野へ広がっていきます。

一九六五年に蒔絵の転写が可能になって手描きの必要がなくなり、一九六七年には別所と上原の二か所の漆器工場団地が完成して量産化が進展しました。量産体制の整備は、山中の生産額を飛躍的に増大させて近代漆器が八〇％を占め、輸出を増大させました。プラスチック成型業者の集積が近代漆器の生産に寄与し、産地の経済的な基盤の確立に貢献したのです。

一九七五年以降の山中では、競合する問屋が連携したブライダルギフト市場の開拓、異業種交流による電話台、時計・オルゴール製品、電気製品関連の生産と販売が広がります。平成の時代に入ると、有名デザイナーのDC（Designer's & Character's）ブランド商品生産で更なる成長を遂げます。

写真１　山中漆器

出所：著者撮影。

山中は、昭和五〇年代（一九七五～八四）に全国的には会津塗、紀州漆器の産地とほぼ同じ年商二〇〇億円の三大漆器産地の一つでした。一九八〇年代に入ると台湾や中国の製品と競合して輸出量が激減しますが、その後、全国最大の漆器産地となって一九八八年の生産額は四〇〇億円に達しました[2]。

しかし、平成時代の経営環境は厳しくなり、生産額や従業員数は一貫して低下します。二〇一七年の生産額は九二億円に縮小してピーク時に比べて四分の一未満になりました。それでも国内最大の漆器産地であり続けています（図表1参照）。

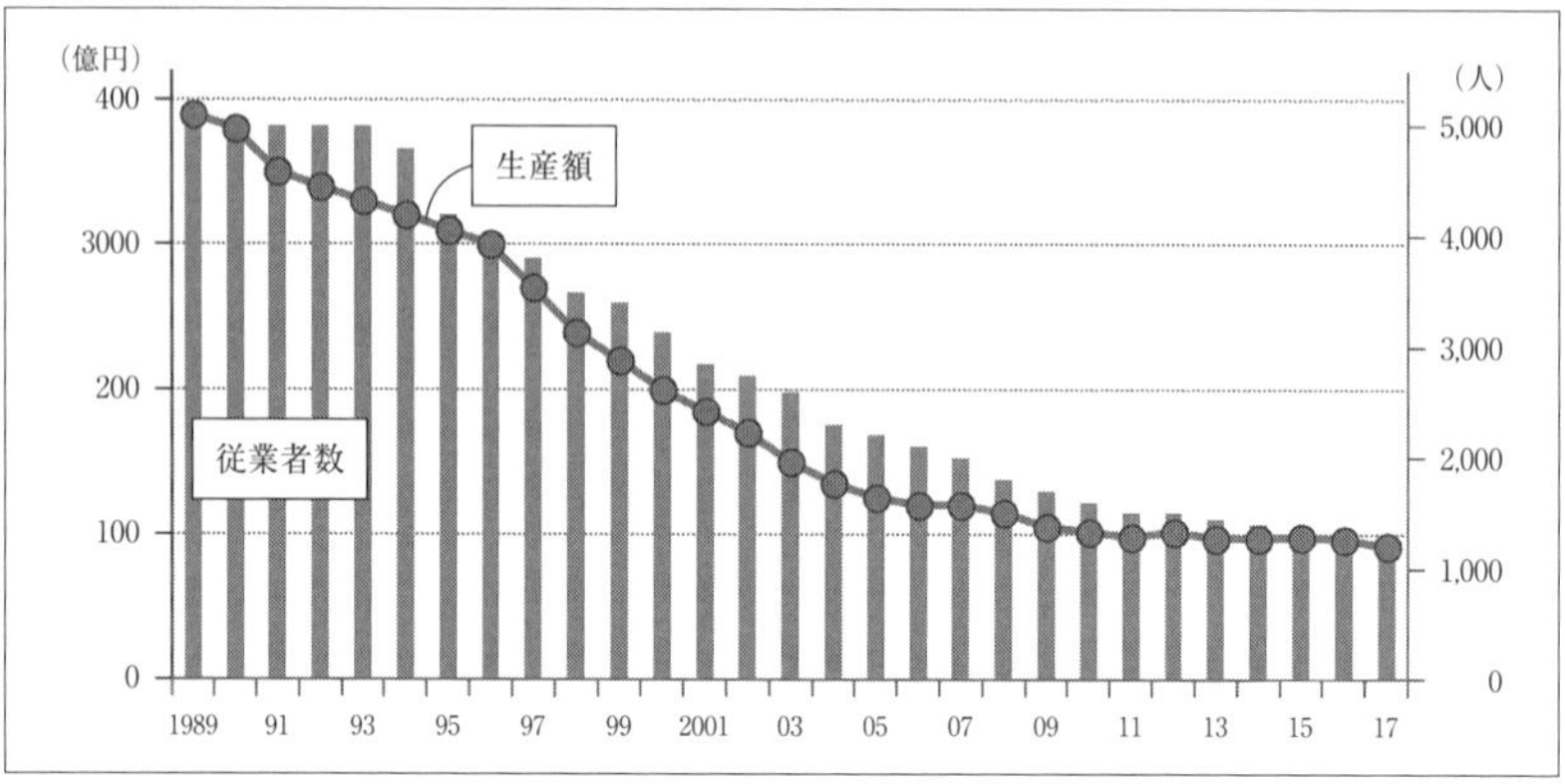

図表１　山中塗生産額・従業員数推移（1989〜2017年）

出所：伊藤他［二〇一九］一〇頁。

山中は近代漆器を中心に成長しながらも、加飾挽きの築地良太郎、人間国宝の川北良造らの名工を輩出し、伝統工芸品の再評価の中で山中塗の評価を高めようと産地全体で対応しました。次に、産地を支えたビジネスシステムについて考えてみましょう。

山中のビジネスシステムと人材育成

山中のビジネスシステムは、工程別の垂直分業体制で山中漆器連合協同組合内に生産工程に応じて設置された、第一部・製造卸、第二部・木地、第三部・塗装、第四部・下地、第五部・蒔絵、第六部・成形、第七部・製箱、第八部・上塗、第九部・拭漆の九つの部会で構成されます（図表2）。

木製漆器の製造工程は、「木地挽き→木地固め→塗り→蒔絵」であり、工程別の垂直分業体制では、木地、下地、塗り、蒔絵の工程を各々の職人が手掛けます。木製漆器のビジネスシステムは、第一部・製造卸、第二部・木地、第四部・下地、第五部・蒔絵、第七部・製箱、第八部・上塗の六つの

事業者	山中漆器製造業者　294社								
内訳 協同組合	第1部 製造卸 72社	第2部 木地 30社	第3部 塗装 73社	第4部 下地 12社	第5部 蒔絵 55社	第6部 成形 19社	第7部 製箱 8社	第8部 上塗 17社	第9部 拭漆 8社
山中漆器連合	○	○	○	○	○	○	○	○	○
山中木製漆器	△ (43社)		○				○	○	
山中漆器木地生産		△ (29社)							

図表2　山中漆器連合協同組合部会の構成

注：○は構成事業者の全部、△は一部を表す。業者数は2014（平成26）年6月現在。
出所：山中漆器連合協同組合資料（体裁のみ一部修正）。

部門で役割を分担し、第三部・塗装と第六部・成形の部門は除外されています。

近代漆器の製造工程は、「成形→塗装→蒔絵」であり、垂直分業体制の成形、塗装、蒔絵の工程を経ます。近代漆器のシステムでは、第一部・製造卸が第六部・成形から樹脂加工の素地を仕入れ、第三部・塗装と第五部・蒔絵の工程を経て製品を完成させます。塗装工程では、プラスチックの器面に吹き付け塗装し、シルクスクリーンや転写の蒔絵を施します。その後、第七部・製箱でパッケージングされ、製造卸部門から出荷されます。

山中固有の特徴は、漆器生産に必要なすべての工程の業者を産地内に抱えていることです。ビジネスシステムでは、第一部・製造卸が中心的な役割を果たします。製造卸（問屋）が消費地問屋や百貨店・小売店から注文を取って他部門に発注し、生産工程を統括します。山中では、問屋が経営して技能を持つ職人は各工程の専門的な仕事に特化しています。

山中の産地間競争の優位性は、木地屋が支えてきました。『山中町史』によれば、一九四五（昭和二〇）年頃の木地屋は、大規模な事業者で二四～二五名、小規模な事業者で四～五名の従業員を抱えていたとされます。この規模の木地屋は他の産地では珍しく、その高い生産能力が山中の強みであったのです。その強みを維持するには、複数の機械の設置が求められ、木地屋にはある程度の規模が必要と判断されました。

一九五〇年には、山中の強みをより強固にするためボイラー、乾燥室、電動機、ロクロ旋盤、製造機を備えた共同作業場が開設され、大量注文への対応能力をさらに高めました。こうした産地の取り組みが、高度経済成長期に山中の発展を支える基盤となりました。

一方、ビジネスシステムの維持には、伝統的な技術や技能を継承する人材の育成が欠かせません。山中の人材育成は、明治・大正期には小学校を卒業後、あるいは在籍時から年季奉公し、徒弟制度で技術や技能を伝承することが基本でした。しかし、産地の人材育成として、蒔絵伝習所（一八八八年）や山中漆器徒弟学校（一八九六年）の設立、徒弟養成のために夜間学校の小学校への付属（一九〇六年）が行われました。

一九四六年には、労働基準法の制定などで徒弟制度による職人の育成が困難になったことを背景として、職業（漆器工）補導所が設立されました。職業（漆器工）補導所は、一九四八年に石川県立公共職業補導所と改称され、一九五六年に山中漆器研究所へと改組されました。

現在では、職人は製造元と自由に契約し、腕の良い木地職人はいくつかの製造元と契約しますが、激しい賃金競争はないようです。山中で新しいタイプの漆器づくりに取り組む我戸幹男商店の我戸《がと》正幸《まさゆき》社長は、次のように述べます。

「（職人さんたちの製造元との契約は）自由に契約してますね。昔は割と縛りがありましたけど、今はそんな縛りは特になくて、まぁもう限られた軒数しかないですし、僕ら自身も例えばお抱えというか専属みたいなもの持つと、職人さんてやっぱり切磋琢磨して良くなってかなきゃいけない部分が、どうしても専属になると頼り切っちゃって、技術の向上も見られなければ、クオリティも何かも、情報も入らないっていうことになっていくんで。自然淘汰されて、専属という形はどんどんなくなっていきました。（例えば腕のいい木地職人さんだったら、たくさんの所と）そうです。いろんな所と契約を結んで、もちろん値段のやり取りとか状況を見ながら物づくりをしてるっていう。うーん、まぁそういう、変な競争……何かお金の競争っていうのは特にしてないです。」

好景気を背景として事業者は大きく売上を伸ばし、産地の経済は潤いますが、バブル経済の崩壊で終焉を迎え、山中は長い不況に直面します。しかし、厳しい環境の中でアントレプレナーシップを発揮し、伝統技術を基に産地外の情報や知識を活かした新商品開発によって成果を上げた例もあります。次に、我戸幹男商店の新商品開発の事例を見てみましょう。

2 「KARMI」の開発——我戸幹男商店のオープン・イノベーション

我戸幹男商店と我戸正幸社長

我戸幹男商店は、一九〇八年に我戸木工所としてスタートします。現社長正幸の曾祖父我戸駒吉が家業の温泉旅館我谷屋を廃業し、明治になって山中漆器の木地師として我戸木工所を新たに設立しました。分家筋から本家の養子となった我戸幹男は、一九三七年に家督相続戸主となり、駒吉が亡くなった後に家業の我戸木工所を継承しました。

我戸木工所は、木地屋として様々な漆器の木地を生産しました。当初は販売せず、数人の職人を抱えるようになって木地以外の製箱分野へ進出し、木地屋を続けながら製造卸を手掛けて販売するようになりました。山中で販売も手掛ける職人には木地屋商人《きじやあきんど》、塗師商人、蒔絵商人などの商人の呼称が与えられ、我戸木工所は木地屋商人と呼ばれました。

現在の基礎を築いた我戸幹男は一九七五年に他界し、家業は嫡子の彰夫が承継します。承継時に名古屋の問屋で働く弟の宣夫を呼び戻し、彰夫が代表取締役、宣夫が専務取締役となって兄弟で経営を始め、一九七九年に我戸幹男商店を興します。我戸幹男商店を商号にした理由は、我戸幹男を社名にして父の事業を承継したことを忘れずに兄弟が協力すること、ルーツの我戸木工所が販売を手掛けた商人であったことによります。

一九八六年には株式会社我戸幹男商店として法人化し、DCブランドとして彰夫社長の「彰」と宣夫専務の「宣」の一字をとった「彰宣」ブランド、「宝生」ブランドを加えました。菓子器、菓子鉢、茶托、銘々皿というお茶まわりの商品や旅館で常用された汁椀を制作して消費地問屋や都市部の小売店、陶器屋向けに販売し、バブル景気とも相まって売り上げが伸びました。漆を薄く塗り重ねる「拭漆《ふきうるし》」の伝統技法に基づく菓子鉢は、産地独特の意匠を活かした主力商品となり、輪島塗や越前漆器と差別化できました。

日本経済の高度成長とバブル経済を背景に山中の事業者は大きく売上を伸ばし、我戸幹男商店も好景気の波に乗って大きく成長します。主力商品の菓子鉢が、加飾挽きと縦木取りの伝統技法を活用して量産できたため、従業員四人という小規模な企業でありながら、我戸幹男商店の売上は約二億円にまで達しました。

しかし、バブル経済が崩壊して山中は長い不況に陥り、我戸幹男商店もビジネスの根本的な見直しを迫られます。見直しの中心を担ったのが、東京での武者修行を終えて帰京した我戸正幸でした。我戸幹男商店は一九八五年から一九八九年頃が最盛期で、正幸の帰郷した時期はバブル崩壊後の不景気の中で中国や東南アジアからの安価な製品に押され、五人の従業員を抱えながら、売上は八〇〇〇万円程度にまで落ち込んでいました。

我戸正幸は一九七五年生まれ、幼少期から山中で暮らし、家業の漆器問屋の仕事以外に選択肢はありませんでした。二〇歳で上京して漆器問屋に八年ほど勤め、都内のデパートに商品を卸す仕事を八年間経験して二〇〇四年に帰郷し、家業に従事します。先代からは、ビジネス以前の問題として、人としての姿勢や我戸幹男の職人気質の人物像を聞いていました。

「僕自身も出してもらってすごくよかったですし、もう出してもらえなかったら今こんな状況には絶対になってないですし。ただやっぱり、跡取りって言われてると勉強しなくなっちゃうんですよ。目的、目標が漆器って、なんかハードルがぎゅっと落ちると。跡取りって逆にハードルが落ちて、何も勉強しなくても就職できちゃうんで。東京出たのも、結局もう継ぐために出てるんですよ。最初は五年で帰るっていう約束で出たんですよ。」

「ほんとに漆器で「こうあれ」とかっていうんではないんですけど、普通に一般的に人として、人の話聞くっていうのと、素直であれっていうのは、もう本当に結構言われてました。人に迷惑かけるなとか。」

正幸は、東京での経験を活かして主力商品の菓子鉢の販売を試みますが、まったく売れませんでした。そのため、山中漆器を現代の価値観にも合うようにリブランディングさせようとして、デザイナーとのコラボ商品の開発に積極的に取り組みます。父や叔父から若い感覚を取り入れた菓子鉢に代わる新商品の開発を期待されたからでした。

新商品開発を期待された背景には、垂直的な分業体制の下で優れた技能の職人が自らの役割に徹するという産地の風土や、問屋が職人の技能を把握していた現実がありました。

「山中の特徴は、職人さんが開発をいっさいしないんです。職人は、もう僕ら問屋が注文した物をとにかく早く安く大量に、同じに揃えて作るっていうのが山中の基本的な考え方なんです。だからちょっと陶磁器の窯元とかの考え方とまるで違うんですよね。ですから木地屋さんは木地を作って、その先どういう塗りになって、どういう絵が付いて売られるのかっていうのはわからない。」

「僕達は木地屋さんの技能それぞれを、一応わかってるつもりなんですけど。例えば今だとデザイナーと色々企画をした上で、ここの木地屋に振ろうとかっていうのを僕たちが考えてやってるんですけど。」

デザイナーとのコラボ商品の開発は、山中で特段珍しくありませんでした。バブル経済による大量の需要を背景に、森英恵、高田賢三、山本寛斎などの著名なデザイナーが参加した商品が漆器、磁器、タオルなどの業界で一大ブームとなり、「ＤＣブランドギフトもの」と呼ばれる商品が伝統工芸品の産地でも積極的に取り組まれました。

しかし、ＤＣブランドギフトを中心としたデザイナーズコラボ商品は、綿密な市場調査をしたわけではなく、問屋が販路、アイテム、仕立てまでのすべてをデザイナーに依存していました。我戸幹男商店も菓子鉢に代わる商品として様々なコラボ商品を販売しますが、ほとんど売れませんでした。デザイナーズコラボ商品は一定の話題性はあったものの、一過性のブームに終わってしまい、息の長い定番商品にはならなかったのです。山中は、これまでと異なる新機軸の商品が求められていました。

「KARMI」シリーズの開発

我戸幹男商店は、伝統的な技法の「縦木取り」「加飾挽き」「うすびき」の特性を活かした新商品の開発に取り組みます。二〇〇七年には、硬質で変形が少ない山中漆器の特徴を生かし、極限まで薄く挽いたカップやボウルの「うすびき」シリーズを開発し、その一部に本来はプラスチック素材などの塗装に用いられる「ウレタン塗装」を施して、落ち着いた色合いと耐久性を併せ持つ漆器を世に問います。

「こんな薄いものは絶対に割れてクレームになる」という社内の反対を押し切り、山中の独自技術を反映した漆器は予想外に売れ、我戸幹男商店の名を一気に業界で印象付け、国内外の著名なデザイナーが連携した商品開発に名乗りを上げてきます。

デザイナーと連携した代表的な商品が、茶筒の「KARMI」シリーズでした。俳人松尾芭蕉の俳諧理念「軽み」を引用して名付けられた「KARMI」は、削ぎ落とされたシルエットの商品で、日常生活で感じられる淡白な心境を表現しています（写真2参照）。

「KARMI」の特徴は、木地を回しながら表面に刻みつける装飾的な細やかな模様です。「加飾挽き」の技法の中の「千筋」という細い幅で一本ずつ筋を挽いていく難しい技で細い溝を表面に施し、模様付けされています。

デザインを担当したのは、デザイナーで金沢美術工芸大学教授の安島諭でした。正幸は、安島と東京で開催された伝統的工芸品産業振興協会主催のフォーラムで出会いました。フォーラムは、デザイナーと伝統産業に従事する事業者のマッチングによるコラボ商品の開発を目的としていました。

「KARMI」の共同開発は、従来のデザイナーズコラボ商品とは出発点から異なり、フランクフルト見本市で岩手県の伝統工芸品である南部鉄器の鉄瓶の傍に置く茶筒の開発が、決まっていました。フランクフルト見本市へ茶筒の出品を提案された際、安島との出会いを思い出して共同開発が実現したので

写真２　「KARMI」シリーズ

出所：我戸幹男商店提供。

す。正幸には、二年前に安島から「茶筒」の開発を提案されながら、「今どき茶筒なんか作ったって売れない」として別のデザイナーとコラボ商品を開発した経緯がありました。正幸は次のように述懐しています。

「最初にお会いしたのは伝産協会っていう、国の指定伝統工芸産地を取り仕切る協会が東京にありまして。国の補助金を使ったフォーラム事業っていうデザイナーと作り手を結ぶ事業にですね、今も続いてるんですけど、それに僕も運良く参加させていただいて。一番最初にそこにうちの商品を並べて。デザイナーさんが回って来て、うちはこんなのやってるんです、どうですか、何か提案いただけませんかっていうふうな感じで。その時に安島さんに茶筒の提案いただいたんですよ。で、一年目であった時には、僕、安島さんではなくて違う方を採用して、白い色のお椀作ったんです。提案が届いて、選ぶんですよ。」

「全然違う南部鉄器の業者さんがフランクフルトの見本市にもう何年も、二〇年くらいかな、元々商社の方でそういうこと慣れてて、出られてた方と出会って。その南部鉄器の業者さんが、鉄瓶が今海外でバカ売れしてると、だからそれに合うような茶筒作ればって僕に言われたんです。で「あ、そうだ、茶筒と言えば」と思い出したのが、その二年前に提案してくれた安島さん。〔中略〕この時はもうドイツへ持って行くんで提案してくださいって言ってあったんです、ここに出てくるんですよ「リ・デザイン」ていうのが。」

安島の商品開発の方針は「リ・デザイン」でした。「リ・デザイン」は「一からものを作る」のではなく、その時代や生活様式に合うように「デザインをし直す」ことです。

この考え方は、話題性重視のデザイナーズコラボ商品とは一線を画し、単発の大ヒット商品ではなく、息の長い商品の開発として茶器と合うデザインを目指していました。

正幸と安島は、二人三脚で「KARMI」の商品開発を進めました。安島が何十種類もの石膏モデルを制作して検討した結果、「ジャパニーズ・ミニマム」「アジアン」「ヨーロピアン」の三つのカテゴリーに分け、カテゴリーごとに二個から三個の新商品のベースとなるモデルをつくり、互いの狙いや好みの違いを前提に商品を絞り込む作業を進めました。

「安島さん、いつも言われてたのは「ベストセラーではなくロングセラー」。シンプルで、まぁお茶入れるものなんで飽きのこない、色々な茶器とも合うような見た目でないといけないと。」

しかし、商品の絞込みは困難を極め、取り組みたいデザインや好むデザインについて諸々の議論が交わされました。商品開発のプロセスでは、製造の可能性と効率性がボトルネックでした。デザイン段階で際立つ新商品の提案を製造するのは職人です。産地の職人が加工できるデザインに絞り込まなければなりません。

また、商品の効率的な製造には材料をできるだけ共通化し、製造プロセスが複雑になりすぎない工夫が必要です。絞込みは同じ材料でできる型、成形のしやすさ、正幸と安島の趣向を総合的に勘案して進められました。

「KARMI」の評価と産地への効果

完成した茶筒は蓋で茶葉を計量できる特徴があり、「KARMI」ブランドでフランクフルトの見本市に出品され、山中の工芸技術と技能の高さや独自性を世界に発信しました。「KARMI」は、国内外で高い評価を受け、二〇一〇年のグッドデザイン・ものづくりデザイン賞、中小企業庁長官賞の受賞を皮切りに、二〇一一年のデザインプラス賞、そして二〇一二年には、国際的に権威あるドイツ連邦デザイン賞銀賞に輝きました。海外で評価された理由は、欧米のニーズに合う商品の開発でした。

「「お茶一〇〇g」で、て言って茶筒を作るんですけど緑茶ベースなんですよね。〔中略〕例えば加賀棒茶の一〇〇gは大きいし、烏龍茶も緑茶とは違う。どこにターゲットを絞ろうってことで、世界一飲まれているお茶は何だろうって調べたら今度はダージリンティーだったと。で、ここの一〇〇gで想定して容器をつくろうと。で、最初に作ったのが細長い茶筒でダージリン一〇〇gの茶筒だった。」

正幸は茶筒の製作時に緑茶をもとにした発想を変え、お茶の種類による体積の違いに注目したのです。日常生活で飲むお茶は国や地域で異なり、種類で体積が異なれば茶筒のデザインは変わります。木目を活かして轆轤で正確に木を挽くという山中の伝統技術を活かし、デザインを個性的に尖らせるだけでなく、現代のライフスタイルに合う美意識で実用的な漆器を創り出したのです。茶筒のデザインや山中の技術・技能は国際的に評価され、国内外のニーズに応えたヒット商品となりました。

「KARMI」は、我戸幹男商店の顔となるフラッグシップ商品に成長します。我戸幹男商店にとって、「KARMI」開発の過程で得たノウハウが次の商品開発に活かされ、自社中心で売れ筋商品を開発できたことに大きな意味がありました。一汁三菜のための椀や皿が一つの中に収まる「TSUMUGI《つむぎ》」や、か弱げな様、儚げな様という意味を持つオブジェのような椀の「AEKA《あえか》」シリーズなどデザイナーと協働した二〇以上のシリーズを次々に発表します。

「KARMI」の後に開発された「SINAFU《しなふ》」シリーズは、「KARMI」共同開発者の安島諭教授との連携ではありませんが、二〇一五年に国内でデザインプラス賞、二〇一六年にはドイツ連邦デザイン賞にノミネートされ、国際的な評価を得たシリーズでした。「リ・デザイン」というデザイナーズコラボ商品の開発方針が社内に根付いた結果と考えられます。

我戸正幸は、二〇一五年に父の彰夫から事業承継し、正式に代表取締役社長に就任しました。我戸幹男商店では二代目、我戸幹男木工所から数えて四代目になります。

山中の伝統的な木製漆器を時代や生活様式の変化に合うように「リ・デザイン」して成功を収め、木製漆器分野を代表する企業の一つとして、国内外で広く認知されています。二〇一七年一一月一七日には、山中温泉の中心地で観光名所でもある「こおろぎ橋」近くの「鶴仙渓谷」を一望する地に、我戸幹男商店初の直営店舗「GATO MIKIO/1」をオープンしました。

正幸社長は、地域社会との連携も積極的に企図し、コロナ禍での産業観光イベント「around」開催の中心的な役割を果たしました。「around」の情報発信はすべてSNSで行われ、第一回は二〇一九年一〇月一一日から一三日の三日間に約八〇〇〇人が来場しました。(3)「木地轆轤挽き」「塗り・蒔絵」「成形技術・塗装技術」の三つの見学コースをイベントの目玉とし、関係者以外立ち入り禁止の漆器工房を開放して職人の声を直接聞けるようにしました。土着の中小ファミリービジネスが核となって、地域活性化イベントを開催したのです。

「町でやられてる職人さんをメインにやろうっていうことで、それぞれの行程の人たちを、一部から九部まであるんだけど、二から九部の人たちを一人ずつ入れたんです。そういう感じで工房回らせて。」

「三〇代は商品開発と販路開拓。四〇代は今の地域貢献と、やっぱり後継者育成っていうのをしっかりやっていこうと。で、あとブランディングとか、そういうところですよね。価値を上げていこうという。これから五〇代はどうしていくかっていうのが、今本当にいろいろ巡らせて考えている感じで。」

山中は、木製漆器の産地からプラスチック製と木製の漆器の生産者が併存する産地へと変貌しています。近代漆器の大手である株式会社正和は、産地の代表的な問屋の一つでしたが、一九三四年に木粉と樹脂を固めた木地を開発して実用新案を取得し、産地で先駆けて近代漆器の製造へ舵を切りました(4)。九代目の山岡秀和社長は、二〇一五年に就任して事業を承継し、先代の時から量産品のビジネスを一貫して志向しています。山岡社長は、近代漆器の経済的貢献を認めつつ、我戸幹男商店の新機軸の漆器を山中の一つの個性として好意的に評価しています。

「(木製とプラスチックで)全然違うんですけど、そういう時代の流れを取り入れながらやってらっしゃるんで、非常に素晴らしいなと思いながら。そうですね。やっぱり、ろくろっていうのは山中の木製に関して言えば、技術の一つの核になるものですから。そこにフォーカスして、ああやってそこがアピールできるような、そういうものを作ってるっていうのは、結局どうなんでしょうね。それは結果的に自分のためにもなるし、産地のほうにもいい影響を及ぼすというか。」

山中には、脱木製漆器・量産化と木製漆器回帰・個性化という二つの方向性をもった企業が併存しています。前者の代表が正和であり、後者の代表が我戸幹男商店です。方向性は対照的ですが、産地に根付き、正統性をもつファミリービジネスとして互いを認め合って棲み分けており、価格競争を仕掛けるような収奪的な競争をしていないことが特徴です。

正和は、近代漆器の量産を核とした中枢企業です。脱木製漆器の方向性へ舵を切った先駆的なアントレプレナーとして、産地の経済的な基盤の確立に貢献しています。

一方、我戸幹男商店は、木製漆器へ回帰した辺境企業です。個性化の方向性でアントレプレナーシップを発揮し、「リ・デザイン」によって伝統的な木製漆器に新しい様式を組み合わせた商品を開発して、山中のブランド維持に努めています。

対照的な方向性を持つアントレプレナーが併存し、互いを窮地に追い込む収奪的な競争をしない不文律の下で事業展開していることが、山中の存続につながっているのではないでしょうか。

注

（1）山中の沿革は、『山中町史』『山中町史 現代編』『山中漆工史』、事例は、我戸幹男商店・我戸正幸社長（二〇一七年九月二一日、二〇一八年六月一四日、二〇二三年六月三〇日）、正和・山岡秀和社長（二〇一八年六月一四日、二〇一九年二月二七日）への著者によるインタビューに基づく。二〇一九年一二月三日の滋賀大学経済学部での我戸正幸社長の講演も参照した。山中の経営学的分析には、伊藤他［二〇一九］、柴田［二〇一九］がある。

（2）『山中町史 現代編』二八五頁。当時の生産額は、山中四〇〇億円、会津二七〇億円、和歌山一八〇億円であり、ギフト市場の進出などの新機軸で売上が増加した。『山中町史 現代編』三一七〜三一九頁。

（3）コロナ禍のため、二〇二〇年は中止、二〇二一年はスタンプラリーとなった。

（4）正和・山岡秀和社長へのインタビュー。「漆器の木地の、そういう樹脂の木地の製造部門を昭和漆器という法人でやってたってことですね。〔中略〕昭和の「昭」の字を書いてってことですよね。結局、年号の昭和の時代に開発した、新しい時代の漆器という意味で社名はその昭和漆器にしたっていうふうに」。正和の前身は、寛政年間（一七八九～一八〇〇）に開業した産地最古の問屋とされ、明治初期の代表的な問屋七軒の一つで当時の当主は山岡理八であった。山岡社長は、明治初期の山岡商山堂から昭和漆器が分かれて、さらにそこから正和となった系譜を述べた。

V　新世代の有田焼——百田陶園の「１６１６」シリーズ開発

産地で培われた固有の伝統技術や技能を活かし、現代の生活様式に適合した新商品開発の事例は、漆器に限られるわけではありません。ここでは、有田焼陶磁器産地（有田）における株式会社百田《ももた》陶園《とうえん》の新商品「１６１６」の開発を考察します[1]。

有田は、日本を代表する色絵磁器の産地で四〇〇年の歴史を持つ「和様磁器のふるさと」です。佐賀藩は、藩の特産業として厳しい統制と管理の下で磁器の生産体制を整備し、貴重な財源としました。百田陶園は、藩から窯焼名代札を交付された窯元を源流とし、卸売商社に転じて小規模ながらも新しい事業に挑戦しています。

1　和様磁器のふるさと

色絵磁器の伝統

有田は、陶祖と呼ばれる李参平が一六一六年に現在の有田町泉山一丁目の泉山で原料となる磁石を発見し、初めて焼成に成功した和様磁器発祥の地です。

有田焼は、江戸時代に有田皿山と呼ばれた佐賀県有田町、西有田町、伊万里市を中心とする一帯から地産します。皿山とは、九州で焼き物・皿を焼く土地や場所・山という陶磁器の生産地を指します。花瓶、壺、飾り大皿、割烹食器は、絵付けの柔らかさや余白を残した優美な図柄が施され、染付の青・金・赤という多彩な模様の描かれた色絵の鮮やかさは、中国景徳鎮の影響を受けているとされます。

有田焼には、大きくは「古伊万里《こいまり》」「柿右衛門《かきえもん》」「鍋島《なべしま》」という三つの伝統様式があります。

「古伊万里」様式は、江戸期の肥前磁器を広義に解釈した総称です。多くの無名の陶工によって有田を中心に白磁、染付、青磁、染付青磁、色絵磁器、染錦磁器が焼成されました。

「柿右衛門」様式は、「赤絵」「余白」「濁手《にごしで》」の技法で「初代柿右衛門親子によって完成された色絵磁器の様式とそれに類する染付け磁器の様式」（十四代酒井田柿右衛門）です。(2)

「鍋島」様式は、将軍家や幕閣、大名への献上品、贈答品として、藩の御用窯の鍋島藩窯で製作された特別な磁器の様式を指します。鍋島様式の磁器は一般市場には出ず、大名の需要に応えた意匠や絵模様が施され、献上・贈答用の会席膳用食器として定着します。鍋島藩窯は一六二八年に有田郷岩谷川内に設けられ、一六七五年には現在の伊万里市大川内山へ移窯して本格的に運営されます。一八七一年の廃藩置県まで約二五〇年にわたって存続しました。

磁器生産の技術や技能が外部に漏れないように、藩は徹底した分業による閉鎖的な協働の仕組みを確立しました。免許制を採って窯焼名代札を発行し、磁器生産の要件としました。一七世紀後半の有田の窯元は一五〇軒前後とされています。さらに、絵付け業者を集めた地域の赤絵町を形成し、御用赤絵屋制度を設けて保護下に置きました。赤絵町の赤絵屋は、江戸初期の寛文年間（一六六一〜七三年）には一一軒、後に一六軒とされています。幕末には、有田の技術が国内の主要な陶磁器産地である瀬戸、美濃、九谷などへ伝播しました。

一八世紀以降、佐賀藩は慢性的な財政難に陥り、陶磁器の専売仕法によって藩の財政立て直しを図ります。藩の殖産興業政策の下、江戸や大坂の国内主要地域と海外での販路拡大が重視されました。有田とその周辺の肥前磁器は、色絵技術の向上と中国の磁器輸出激減の影響を受けた長崎貿易の進展によって、オランダ東インド会社の重要な輸出品となりました。

当時のヨーロッパでは、中国製磁器の通り名は「チャイナ」で日本製磁器は「イマリ」と呼ばれていました。「イマリ」の通り名は、アジアやヨーロッパ向けに船積みされた伊万里港の名称をとって普及したとされています。

有田で磁器が焼成される前の日本には、中国からの輸入磁器しかありませんでした。磁器は一部の限られた富裕層の人々に珍重されていたと考えられます。そうした状況のもとで、有田で初めて一定量の磁器が生産されたことは、日用品として一般庶民の暮らしに浸透したという意味でも、歴史的な意義があると言っていいでしょう。

産地を支える中核の窯元

明治維新の廃藩置県と生産解放令による自由化で佐賀藩の陶磁器専売制度は崩壊し、新規参入者が増えて競争は激化します。幕末の窯元一三三戸、赤絵屋一六戸は、各々二〇六戸と五〇戸余りに急増し、過当競争による粗製乱造と薄利多売の結果、窯元の困窮と技術や品質の低下が顕著になって、有田の生産は危機的状況に陥りました。

しかし、有田で代を重ねて磁器を作ってきた、いわば土着で正統性を持って陶業にかかわる人々のアントレプレナーシップを発揮した活動が、有田を再生させていきます。

一八七三年には、事業者の間で自主的に陶業盟約が結ばれ、粗製乱造や職人の濫用に対する取り締まりを通じて陶業の発展が企図されました。一八七五年には八代深川栄左衛門が中心となって会社組織に倣った合本組織香蘭社（前期香蘭社）を創業し、今日の株式会社香蘭社へと繋がる香蘭合名会社が一八七九年に設立されるという経緯を辿ります。

香蘭社は、欧米諸国を歴訪した岩倉使節団に随行した元佐賀藩士久米邦武の助言を契機に、一八七六年のアメリカのフィラデルフィア万国博覧会へ有田焼を出品する目的で創業され、万博で名誉大賞を受賞した後も世界各国の博覧会で受賞して有田焼の評価を高めました。香蘭社の成功は、佐賀藩が幕府の要請で薩摩藩と一八六七年のパリ万国博覧会に参加して以来、ヨーロッパとアメリカの「ジャポニズム」が背景にあったとされます。

香蘭社は、伝統様式を活かした色文様で「香蘭社調」というデザインコンセプトを確立します。香蘭社の磁器が一八七八年のパリ万国博覧会で金牌を受賞した際、八代深川栄左衛門はフランスのリモージュを視察し、フォール式製陶機械を購入して量産体制を充実させ、工業製品である磁器製電信用碍子の国産化にも成功します。その生産で得た資金を美術工芸品の陶磁器開発に投入し、一八九六年に宮内省御用達となります。

一八九四年には深川忠次が深川製磁を起業します。一九〇〇年のパリ万国博覧会で金牌を受賞、一九一一年には深川製磁株式会社を設立します。深川製磁は香蘭社から自立したスピンオフでした。スピンオフは、スピンアウトとは異なって、元組織との間に何等かの関係を維持します。深川製磁の深川一太社長によれば、深川忠次は最初の一年は香蘭社の工房で活動し、起業の一年後に自らの工場を開きました。また、深川製磁は、一年に一回社員全員が深川栄左衛門の碑に赴くことを続けてきました。香蘭社と深川製磁は、産地の経済基盤を支える事業者として発展していきます。

「有田の三右衛門《さんえもん》」と呼ばれる柿右衛門《かきえもん》窯、今右衛門《いまえもん》窯、源右衛門《げんえもん》窯は、産地ブランドを代表する製販一体の窯元です。柿右衛門窯と今右衛門窯は、柿右衛門様式と鍋島様式の色鍋島を基にデザインコンセプトを確立し、作家と工房の職人集団で磁器を製作します。両窯は、明治維新の激変で停滞を余儀なくされますが、その後に復興を遂げました。

柿右衛門窯では、十一代柿右衛門がきらびやかな錦手と余白の美を純化させてデザインコンセプトを強固にし、東京、大阪から新潟まで行商し、販路拡大を図って再建しました。柿右衛門様式の磁器は、ヨーロッパへ輸出されて王侯貴族の宮殿や館を飾り、一八世紀にはドイツのドレスデン近郊に開かれた

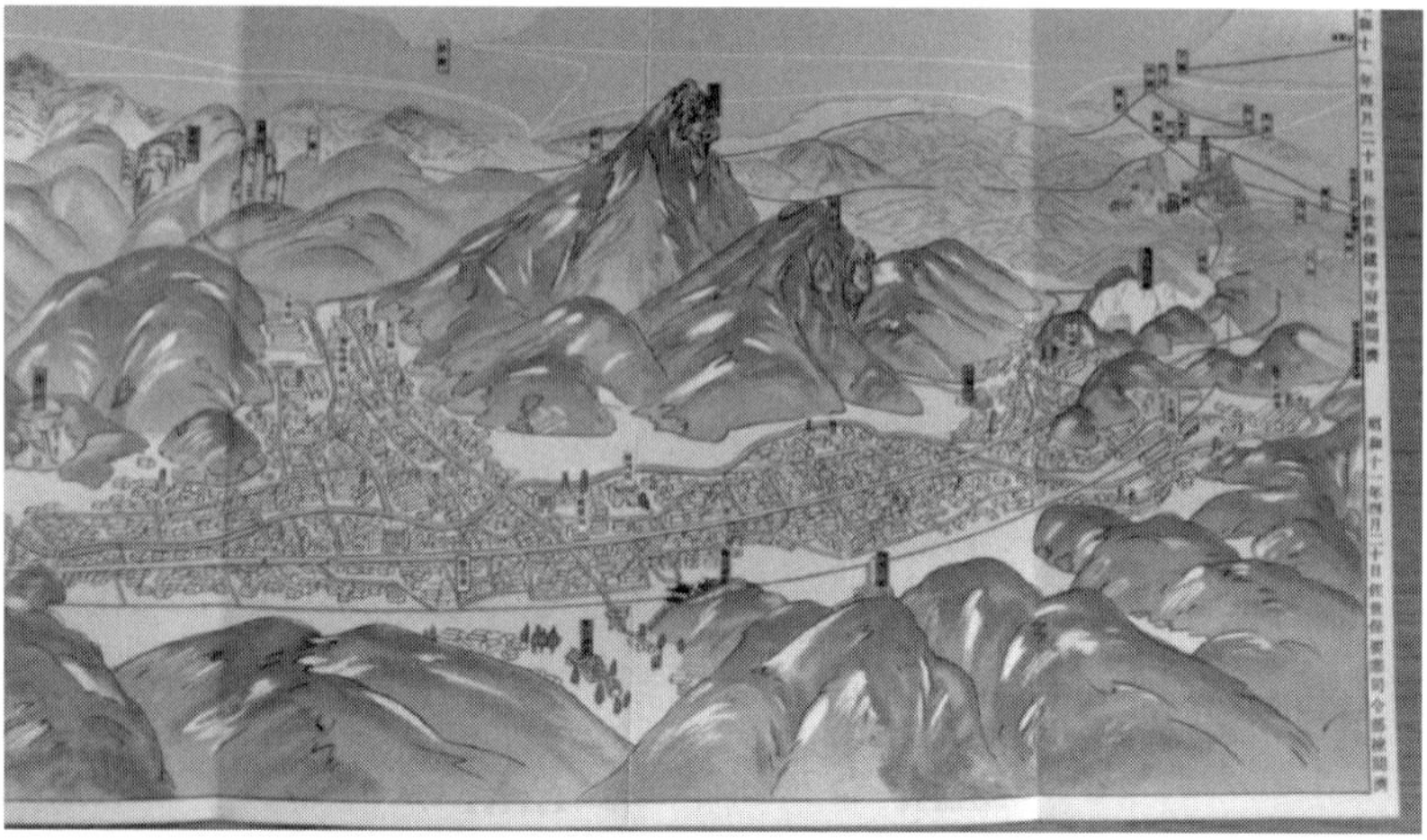

写真３　「有田町絵図」（「陶都有田」〈小冊子〉1936 年 4 月 20 日より）

出所：山田［2014］205 頁。

マイセン窯などで模倣されました。

今右衛門窯は、御用赤絵屋制度の消滅に伴い、素地作りからの一貫生産に転換しました。色鍋島の復興を目指し、十〜十三代今右衛門までの一〇〇年余りの間に華麗な文様と端正な古格を兼ね合わせた作行でデザインコンセプトを確立し、現在の地位まで高めました。

源右衛門窯は、古伊万里様式を受け継ぐ窯元です。六代源右衛門が一九七〇年に東ドイツ・ドレスデンで「輸出古伊万里」コレクションを視察し、源右衛門窯様式の古伊万里を開発しました。現在の当主は作家ではなく、職人の工程別分業で成る工房で製作しています。

「有田の三右衛門」の中で、当主の作家と職人集団の工房で製作する柿右衛門窯と今右衛門窯は、現在でも窯主の名跡を襲名ではなく改名によって継承します。香蘭社や深川製磁とともに、両窯は戦前から有田で別格の気風をもつ窯元として認められていました。

写真４　「有田町史跡」（「陶都有田」〈小冊子〉1936 年 4 月 20 日より）

出所：山田［2014］138 頁。

一九三六年五月一日佐賀県有田商工会発行の「陶都有田」という小冊子があります。表面は有田町の色絵図で、右端には昭和一一年四月二〇日佐世保鎮守府検閲済み、昭和一一年四月二〇日佐世保要塞司令部検閲済みと記載され、二・二六事件の勃発した当時の世相を思い起こさせます。裏面には、有田町の紹介文に続いて泉山磁石場、有田工業学校、佐賀県第一窯業試験場といった史跡が紹介され、香蘭合名会社、深川製磁株式会社、名工柿右衛門窯、色鍋島今右衛門焼の四窯元が産地の顔として掲載されています（写真3、4参照）。

現在のJR有田駅ホームには、人間国宝の十四代酒井田柿右衛門と十三代今泉今右衛門とが製作した陶板と源右衛門窯の陶板が掲げられています。「有田の三右衛門」の風情の違いと、違和感なく風景に溶け込んでいることに有田の気風を感じ取れます。

有田のビジネスシステムと人材育成

有田のビジネスシステムでは、「採石↓陶石からの陶土作り↓型作り↓素地作り↓窯元による焼成↓産地商社による販売」という取引の流れが一般的です。

佐賀藩の生産体制を源流とする工程別分業を支え、各々の専門的な役割を果たしています。システムの核となる窯元は、「成形↓素焼き↓下絵付け（線書き、濃み）↓施釉↓本焼成↓上絵付け↓上絵焼成」の工程で製作し、独自の販売ルートを持つ一部を除き、小規模な窯元が産地商社と個別に複数契約を結んで販売しています。

明治に万国博覧会へ積極的に参加して高い評価を得た有田焼ですが、大正には工業用製品や碍子の生産が増大しました。昭和に入ると、昭和恐慌と呼ばれた不景気の影響に加え、瀬戸や美濃という生産規模の大きな産地との価格競争で劣勢となります。生産が縮小して失業者が生まれ、陶芸作家として独立する技能者が現れました。

第二次大戦時、有田の窯元は軍需工場への転換を余儀なくされました。磁器の流通価格は統制され、手榴弾やロケット部品などの軍需品も生産されました。高度な製造技術の保持のため、戦時下の一九四三年に香蘭社、深川製磁、柿右衛門窯、今右衛門窯は、伝統技術で製作される芸術品と常用品の間にある精巧な磁器を指す「㊝」（マルギ）と呼ばれた技術品指定を受け、従業員は徴用を免除されて磁器製作に従事しました。

戦後の有田では、一九五五～七四（昭和三〇～四〇）年代に生産量と売上が大きく伸びます。一九八

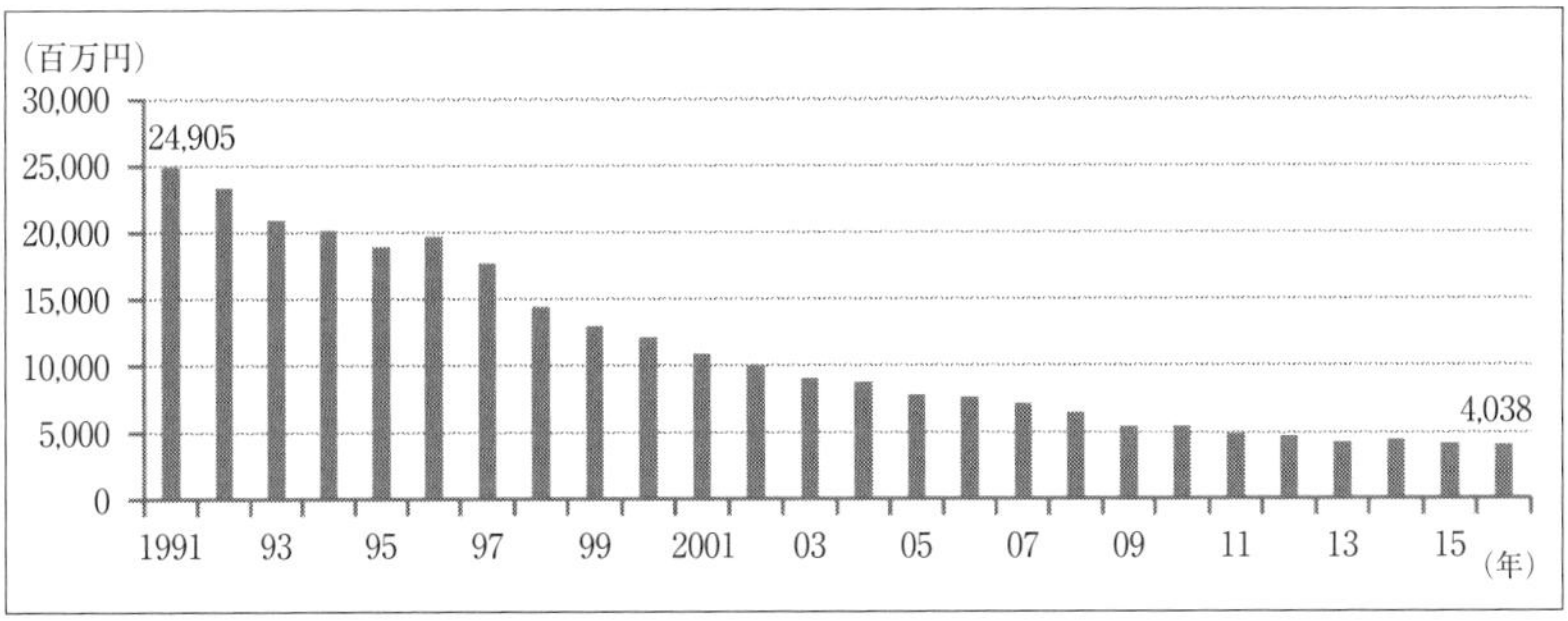

図表３　有田焼主要企業売上高

出所：山田［2020］114頁。

○年頃からは会席料理の流行とも相まって、全国の旅館やホテル向けの業務用食器の生産量が大きく増加しました。日本各地の温泉旅館やホテル、料亭を主要な顧客として業務用割烹食器の分野で成功を収め、接待のお土産物や結婚式の引き出物としての評価も得ました。

しかし、バブル経済崩壊後の国内市場の縮小や安価な輸入品の増加、リーマンショックの影響が産地を直撃しました。佐賀県の統計からは、有田焼の主要企業（窯元の商社に対する販売代金を組合が代行集金する共販制度を採用する、佐賀県陶磁器工業協同組合、肥前陶磁器商工協同組合の所属企業、ならびに香蘭社と深川製磁の直販大手二社）の売上高が、減少の一途を辿ったことが見てとれます[3]（図表３参照）。

それでも、有田は絵付けを施した和様磁器の産地として、現在まで一定の規模を維持してきました。明治維新や戦後の伝統工芸品産地をとりまく環境には様々な変化がありましたが、四百年間途切れることなく命脈を保ってきた稀有な産地なのです。百田《ももた》憲由《のりよし》社長は、産地の分業体制について、次のように述べます。

「バブル経済の崩壊後も有田の窯元がなんとか生き残ってこれたのは、分業体制を取ってきたからだと思います。有田では代々、陶石からの陶土作り、成形、焼成、釉薬掛け、私たちのような商社問屋という各々の工程に特化した企業があって、互いに取り引き先という間柄でつながっていたからこそ、足腰が強く打たれ強い体質が生まれました。」

有田では、量産型の香蘭社と深川製磁、当主と工房の機能を統合した「有田の三右衛門」という製販一体型の中枢の窯元が、産地ブランドの核としての役割を果たしました。産地間競争で優位を維持し、産地の再生を牽引した中枢の窯元と工程別分業の磁器生産に関わる事業者や作家とが棲み分けて産地を支えてきたのです。

中枢の窯元は互いに切磋琢磨し、交流がありました。さらに、有田の窯元には、産地の存続が自らの存続と表裏一体であるという認識の下で互いの存在を認め、窯元同士がつぶし合うような収奪的な競争を避けるという産地の不文律がありました。

陶磁器産地の存続には、伝統技術や技能を継承する人材の育成が不可欠です。有田では、一八八一年に日本最初の陶器工芸学校である勉脩学舎が、佐賀藩支藩の小城藩元藩士江越礼太によって設立されました。勉脩学舎の廃校後、有田徒弟学校（現在の県立有田工業高校）が人材育成を引き継ぎ、磁器の生産に関連した公教育が確立されていきました。

有田の窯元は人材育成に貢献し、香蘭社の八代深川栄左衛門を筆頭に教育機関の設立を支援しました。香蘭社の技術者は、有田徒弟学校で教鞭をとり、海外や東京の情報を収集して最新技術を紹介し、教育システムの整備と充実に努めます。香蘭社と深川製磁は、職人の独立を忌避しないため、産地の人材供給源の役割を果たしました。

柿右衛門窯と今右衛門窯は、産地ブランドを支える伝統技術の継承に努めました。両窯の当主は、重代のデザインコンセプトに当代の新たな要素を加味した美術陶磁器（作家物）を制作します。当主は、自らと先代、先々代との磁器が比較されるという現実に直面します。先代、先々代と世代間で競い合う中で、自らの技術や技能を高めてきたのです。

一方、両窯の工房組織で職人集団が作る磁器は、柿右衛門と色鍋島の伝統様式を厳格に踏襲した高級常用品（窯物）です。工房の技術レベルは高く、一九七一年には濁手と色鍋島の技法を伝承する「柿右衛門製陶技術保存会」と「色鍋島今右衛門技術保存会」が設立され、いずれも文化庁から国の重要無形文化財の総合指定を受けました。

柿右衛門窯と今右衛門窯の工房の職人は基本的に独立せず、逆に独立志向の人は工房の職人として雇わないという慣行があります。工房外への流動性のない人材育成の仕組みであり、顧客に訴求力をもつ独自の技術や技能は外部に流出しないため模倣できません。

当代の当主と仕事をする職人は先代や先々代が育て、技術や技能は傍で仕事をして独力で学ぶ「By the Job Training」で継承されます。職人集団の工房は、当主とともに伝統技術の継承と産地ブランドの形成に大きく貢献してきたのです。

このように、職人の流動性のある香蘭社や深川製磁と職人が流出しない柿右衛門窯や今右衛門窯との対照的な人材育成の仕組みが併存しています。量産型窯元の開放性と機能統合型窯元の閉鎖性という、伝統技術や技能の継承を支える二重構造の育成の仕組みが、分業生産体制で愚直に磁器を製作する事業者や作家とともに有田の存続に寄与したのです。

伝統工芸品の産地は、バブル経済の崩壊以降にその多くが苦境に直面しましたが、長い歴史を持つ伝統的な陶磁器産地もその例外ではありませんでした。

業務用食器の一大産地の有田でも、日本人の食生活の変化や核家族化、ライフスタイルの欧米化という生活様式の変化は、伝統技術や技能に支えられた有田に新機軸の商品を求めました。さらに、オイルショックを発端とする景気の低迷から、産地の生産能力拡大に応じた販売力や産地全体の技術力強化の重要性が事業者に浸透し始めました。

中枢企業には現状への危機意識があり、それが一九七九年五月の大有田焼振興協同組合発足につながります。佐賀県、有田町の支援を受け、有田という伝統的陶磁器産地の高度化事業を推進するための組織でした。同業組合と中枢の事業者が設立発起人となり、佐賀県陶磁器工業協同組合、肥前陶磁器商工協同組合、有田焼直売協同組合、有田焼卸商業協同組合（現佐賀県陶磁器卸商業協同組合）の理事長、十四代酒井田柿右衛門、十三代今泉今右衛門、源右衛門窯、香蘭社、深川製磁などが名を連ねました。

大有田焼振興協同組合は、組合再編を通じて産地を変革し、産官学連携による新事業を試みます。しかし、環境配慮型と高機能型の新商品開発は期待された成果を上げられませんでした。中枢企業が中心となった大有田焼振興協同組合は二〇〇九年に解散します[4]。

他方、分業制の下で事業を営む辺境企業は、新たな市場へ関心を高めていました。海外製の安価な食器の普及や主力商品の業務用食器の売上低迷が続く中で、辺境の中小ファミリービジネスの事業者が、家庭向けの新しい一般用食器の開発を試みます。次に、その成功事例として、百田陶園主導による「1616/arita japan」（「１６１６」）を見てみましょう。

2　「１６１６」の開発——百田陶園のオープン・イノベーション

百田陶園の成り立ち

「１６１６」シリーズを主導した百田憲由社長は、産地商社百田陶園（法人設立一九七二年）三代目の事業者です。有田出身で県立有田工業高等学校窯業科を卒業した後、東京築地丸源を経て一九八九年に百田陶園入社、一九九五年に代表取締役社長に就任しました。二〇一〇年に有田焼卸団地協同組合副理事長、二〇一九年九月からは肥前陶磁器商工協同組合理事長に就きました。

百田家は、窯焼名代札を交付された岩谷川内の窯焼（窯元）松尾窯から、明治時代に松尾徳助の二男重盛を養子に迎え、実質的に窯を引き継ぎました。松尾徳助の代の松尾窯は、七～八人の職人を雇う規模でした。一九三八年の重盛の急逝によって閉窯を余儀なくされ、満州から郷里に引き上げてきた重盛

写真５　松尾窯「磁器製」タイル

出所：筆者撮影。

の長男卓治が産地商社の百田陶園を創業しました。

有田の近代化の端緒は、ドイツ人化学者G・ワグネルが一八七〇年に有田白川で石炭窯を築き、コバルト染付の使用法を指導したこととされます。松尾窯は小規模ながら一八九三年に独自の石炭窯を製造し、一八九九年には有田初の染付敷瓦（磁器製タイル）を製造しました。松尾窯のタイルは佐世保の黒島教会堂、長崎の炭鉱社、唐津の高取邸、熊本日奈久温泉の金波桜へ納入されました。

日本のキリスト教禁教期の歴史を伝える「長崎と天草地方の潜伏キリシタン関連資産」が、二〇一八年六月三〇日にユネスコ（国連教育科学文化機関）の世界文化遺産登録が決定しましたが、長崎県佐世保市黒島の「黒島の集落」が含まれています。黒島天主堂の祭壇床に敷かれた一八〇〇枚の染付模様の有田焼磁器タイルは、日本で初めて松尾窯で焼成されたものです（写真5参照）。

松尾窯は、小規模ながらも新機軸を試みる窯元として一目置かれました。国内外の博覧会や品評会へ積極的に出品し、一八九三年のシカゴ万国博覧会では染付の大花瓶が入賞し、一九〇二年の西松浦郡陶磁器品評会では磁器製タイルが二等賞を受賞しました。また、松尾徳助は一八九六年の有田徒弟学校創立の際に当時の金額で「五圓」を寄付して人材育成に寄与しています。

佐賀藩の窯焼名代札を交付された由緒ある窯元をルーツに持つことは、百田陶園のアイデンティティに大きな意味を持ち、窯元と同じ目線に立って新商品開発に取り組むという、百田の窯元に対する影響力の源となっています。

「技術は全部見ますね、わかるし、今までの実績とか。工場見た時わかりますよね、職人さんを見たりして、もう作る過程がすべて頭に入ってるんですよ。〔中略〕わかるんで、弟も作家もやってるし、うちでも窯も持ってたし。当時はですね、独立させる前は。ですから、窯元としては僕と話すのが一番ごまかしが効かないと思いますよ。他の商社だったら理由付けをいろいろして、わからないから「あぁそうか」で終わることが、僕と打ち合わせしていて、そうかでは終わらないわけですよ。僕は必ず技量は見ますね。」

このように、百田陶園は、窯焼名代札を交付された由緒ある松尾窯の系譜に連なり、土着の正統性を持つ産地商社として事業を営んでいます。百田家のアイデンティティは、窯元と同じ目線で新商品開発に取り組む百田の焼き物づくりの姿勢に反映されています。

「1616」シリーズの開発

二〇〇五年、百田は有田焼卸団地組合の商社二二社と窯元六社の協働による一般消費者向け食器開発プロジェクト「匠の蔵」を立ち上げます。これは、分業制での磁器づくりの固定観念を打破し、組合をプラットフォームにした窯元と商社の先駆的な共同開発でした。

「匠の蔵」シリーズで成果をあげた百田は、プロダクトデザイナーの柳原照弘、オランダのデザインスタジオのショルテン＆バーイングス（Scholten & Baijings）と連携し、ビジネスシステムに組み込まれた小規模な窯元と「1616」シリーズを共同開発して二〇一二年に発表します。ブランドネーム「1616」は、有田の磁器発祥から「四〇〇年を経た現在にまで引き継がれ積み重ねられてきた記憶の一ページを同時代の人たちと創り出そうという考え」（百田陶園・百田憲由社長）から名付けられました。

「1616」は、百田陶園の新しいブランドづくりの際に改装後の東京パレスホテル出店の話があり、二〇一二年に錫・真鍮・青銅製の食器やインテリア雑貨の能作（富山）、タオルの今治浴巾（愛媛）が入るホテルアーケードに「MOMOTA TOUEN」を出店したことが契機でした。

百田は、プロダクトと空間のデザインができるデザイナーとして一〇名を超える候補者を面接し、波長の合った柳原照弘を選任します。柳原は家具や空間のデザイン経験はあるものの、陶磁器のデザインを手掛けたことはありませんでした。デザイナーとのコラボレーションでは、当事者間の気持ちや意思の違いが、プロジェクトの進捗に大きく影響します。百田は、未経験でも波長の合うパートナーであることを優先したのです。

「1616」キーパーソンの柳原は、有田の視察から始めます。有田には新しいものは何もないが、歴史と伝統、技術はあると評価した柳原は、ゼロベースで新しい有田焼ブランドを考えます。柳原は、従来の色絵磁器の感性で作られた割烹食器、花瓶、壺、飾り大皿ではなく、洋食器をベースとして「日常のパンケーキを食べるためのお皿」をデザインし、コストがかかる絵付けではなく、色で顧客ニーズに応える方針を立てます。分業制で培った高い成形の技術に裏打ちされた洋食器は、他と差別化できると考えたのです。

百田は、最初は伝統様式の絵付けがなく有田焼らしくないという感想を持ちます。しかし、有田の伝統技術や技能による品質をベースに、一般用食器市場で顧客への訴求力をつくり出すための新機軸を進めようと決断します。ファミリービジネスの経営者である百田社長にとって、新商品開発は先代社長徳男の精神を受け継ぐものでした。

「おやじは、ものづくりがものすごく好きで厳しかった部分があったから、自分でいろんなものを開発してたんで、そういう開発する意欲とか能力も含めて勉強にはなったんですね。だからそれがこのブランドをつくる一つのきっかけになったとは思うんですよね〔中略〕。1616。メーカーさんのものをただ仕入れて売るっていうんじゃなくて、やっぱり企画力というか。」

「おやじがよく言ってたのね。後を継ぐにしても、福砂屋のカステラも赤福の餅も、あれって味を落とさずにしっかりそれを受け継いで守っていけば伸びるじゃないですか。〔中略〕だけど焼物っていうのは、時代に合わせて変化していくことが大事で、これを作り続けるとそれが守られる

写真6-1　「1616」シリーズ

出所：百田陶園提供。

商売じゃないっていうのは言ってました。よくそれは言ってましたよ。」

「1616」は、宝泉窯、錦右エ門窯、藤巻製陶の三窯元を軸にした共同開発で進められました。そして、高台のない極薄で鋭角に面が展開する、あるいは円が一定のピッチで連続する白無地二種類の「1616/TY Standard」と、日本の伝統色を海外の感性で再解釈して、その色を再認識させる「1616/S&B Color Porcelain」が完成します。前例のない有田焼「1616」は、この二つのシリーズで構成されています（写真6参照）。

有田では、成形、焼成、釉薬掛け、産地商社の専門的な事業者が長く取引関係を維持し、産地を存続させる基盤となりました。「1616」で粘土開発をした土屋、量産用の型作りに取り組んだ型屋、そして関連する陶業者は、分業制の下で取引関係を長く維持して産地に根ざす中小ファミリービジネスです。さらに、「1616」を共同開発した窯元は、百田と旧知の間柄でした。社長の人となりや産地商社としての考え方を理解し、それがプロジェクト進捗の要因となったことは否めません。百田は、窯元との関係を次のように述べています。

「「1616」で窯元によく言うのは、技術は絶対よく見せてと。今の企画、図面に合っても、絶対言うのは「一個できても、これ千個、万個作るときもそうできますか」。量産して初めて成功ですから。デザイナーにも確認します。図面見た時にストレートのラインが大事なのはわかる、だけどストレートに焼くのが焼き物では一番難しい。それで、柳原さんに内側と外側とどちらのストレートラインが大事かと聞きます。図面を見て肉付けを焼き物に合うよう調整する際、外で調整するか内で調整するかを判断するように話を仕向けます。新しい有田焼を国内外に広めるには、デザイナーと窯元との間に立って十分にコミュニケーションを取りながら、提案されたデザインに対して製造するアイテムの選定や販売ルートを整備する役割を商社が果たすことです。消費者の求める焼き物を選んで、その焼き物に合う販売ルートを確保するのに、産地の商社の存在が欠かせません[8]。」

写真 6-2 「1616」シリーズ
出所：百田陶園提供。

「1616」の評価と産地への効果

「1616」は、柳原の提案で海外市場での実績を持つオランダのデザイン事務所ショルテン&バーイングスに依頼し、有田で培ってきた伝統色の再解釈に委ねて顧客ニーズに答える色使いを企図しました。百田は、当初、日本市場へ優先的に投入しようと考えていましたが、有田の伝統技術を基に新しい感性の形状や色使いで完成した「1616」の出来栄えを見て、ヨーロッパ中心の販路開拓による海外市場での展開を決意します。

「1616」は、二〇一二年にイタリアのミラノで開催された世界最大規模の国際見本市ミラノサローネに出品され、海外の新聞や雑誌で高い評価を得て海外市場の販路が一気に広がりました。二〇一三年には、世界的なデザインショーの「エル・デコ・インターナショナル・デザイン・アワード」のテーブルウェア部門でグランプリを受賞します。

この賞は世界二六か国で出版されるインテリア雑誌の「ELLE DECO」が主催し、各国の編集長が家具、照明、ベッドなどの一三部門から一点ずつ推薦してミラノサローネに合わせて発表されます。受賞を契機に国内の大規模な見本市での展示と海外拠点の整備を行い、二〇一六年には世界二〇か国へ販路を広げるまでに至ります。

二〇一八年一〇月からは、フランスの代表的なデザイナーのピエール・シャルパンとの共同開発による新しいシリーズとして、和式洋式を問わず日常の食卓で使う「1616 / PC Outline」をラインナップに加えました。新シリーズには、鍋島藩窯の地で伝統を受け継ぐ青山窯が新たに参加しました。百田は、次のように述べています。

「「1616」のシリーズというのは、有田焼の伝統を踏襲していますが、これまでの有田焼とは異なるデザインのアプローチを試みた産地の将来に寄り添う器です。私が有田に生まれ育ち、私の家系が窯元産地商社としての歴史をもち、現在もこの業界に身を置いていて感じることは、先人への感謝とともに、私の使命が大きな魅力を秘めた有田の磁器を国内のみならず、世界の人々に再認識してもらうことであると思っています。」

「１６１６」は従来の感性で作られた伝統様式の磁器ではないゆえに、当初は有田焼らしくないと評価されました。しかし、ミラノサローネで海外のデザイン関係者から高く評価され、ヨーロッパを中心に展開した波及効果によって日本での売り上げも伸びていきます。伝統技術や技能が支える品質は、一般用食器の市場で顧客への訴求力をつくり出し、新しい発想と感性による「新世代の有田焼」として成功を収めたのです。

「１６１６」シリーズは、産地の辺境企業が画期的な新機軸を打ち出した例です。分業制の下で蓄積された高い技術や技能を評価した国内外のデザイナーと、土着の商社と窯元が核となりました。そして、色絵磁器で名高い有田焼をゼロベースで見直し、外部の情報や知識を意図的に取り入れた共同開発によるオープン・イノベーションによって、現代のライフスタイルに合う新しい有田焼ブランドを構想して実現した新商品開発であったのです。

有田焼創業四〇〇年の二〇一六年には、百田陶園が中心となって統一ブランド「２０１６」が立ち上がりました。「２０１６」は、メイド・イン有田というアイデンティティの確立を目指し、産地の一大ブランド構築を図るプロジェクトでした。佐賀県、有田町、オランダ大使館の連携プロジェクトとして行政のスポンサーシップで開始され、二〇一三年度から佐賀県が農林水産商工本部に事務局を設置した「有田焼創業四〇〇年事業」の一環として位置付けられました。

「２０１６」は、「１６１６」の成功実績から百田と柳原が二〇一三年から実質的に主導しました。柳原とショルテン&バーイングスが共同クリエイティブディレクターとなり、八か国一六組の世界的デザイナー、公募で決定した一〇窯元と産地商社六社が参加しました。

「有田焼の新たな可能性を求めて、海外市場への進出に取り組みました。二〇一三年一一月にオランダ王国大使館と佐賀県との間で『クリエイティブ産業の交流に関する協定』を締結しました。これがオランダとの連携によるプラットフォームを形成し、「２０１６」プロジェクト推進のキックオフとなったのです。」（佐賀県・志岐宣幸産業労働部長）

「２０１６」シリーズは、海外市場を目指した商品開発として、二〇一四年四月の最初の会合で「１６１６」をモデルにグローバルな統一ブランドの確立を合意しました。二〇一五年五月には、プロジェクト参加の窯元と産地商社による二〇一六年以降の完全な事業化を目標とし、「２０１６」シリーズを一元的に販売する「２０１６株式会社」が百田を社長として設立されました。

「２０１６」は、日常生活での機能性を重視した低価格から中価格帯の量産型磁器「スタンダード

(Standard)」と、職人の熟練の技術を活かして制作される個性的で高品質なデザインコレクションの磁器「エディション(Edition)」の二つのシリーズから成っています。

二〇一六年四月にイタリアのミラノサローネで世界に向けて発表された際には、オランダ政府と佐賀県の要請で、百田と旧知の間柄の十五代酒井田柿右衛門が伝統様式を受け継ぐ窯元の代表として特別参加しました。一七世紀にオランダ東インド会社がヨーロッパへ輸出した柿右衛門様式の有田焼が、王侯貴族の間で人気を博した歴史的事実を踏まえ、十五代柿右衛門の新作がミラノサローネとアムステルダム国立美術館で展示されたのです。

統一ブランドとしての「２０１６」は、有田の将来に有意味な新しい考え方と価値観の共有を意図しており、個別の窯元の名前は表に出ません。それにもかかわらず香蘭社が参加し、他の窯元がその焼き物づくりから学ぶ機会になりました。百田は、有田を代表する事業者の意識の変化、および新機軸への積極的な取り組みとその意義を次のように強調します。

「大手の香蘭社は、パレスホテルに店をオープンした時から、工場長、東京の支店長が、商品を見に来ていらっしゃいました。香蘭社が、自分たちも変わらなきゃいけないという思いがあるからでしょう。今回は、「１６１６」の流れを自社に取り込みたいという強い思いで「２０１６」に入られたわけです。香蘭社の名前は出ないのに入ったのは、大きいことだと思いますね。」

辺境企業主導のプロジェクトに、中枢企業の香蘭社がメンバーとして参加したことは、「2016」が有田の新たな協働のシンボリックなプロジェクトであることを意味します。辺境の事業者である商社や窯元が、中枢の名門の事業者を巻き込むという、新たな方向性を持つ協働が生み出されたのです。

新しい有田焼の主役は、明治維新後に産地再生の中心となった香蘭社や深川製磁、「有田の三右衛門」と称される柿右衛門窯、今右衛門窯、源右衛門窯という老舗の名高い窯元ではありません。時代に合った「1616」と「2016」のシリーズを作り上げたのは、小規模ながらも脈々と代を重ねてきた土着ファミリービジネスの小規模な卸売商社と窯元です。

百田は、有田に根ざし、伝統様式を受け継ぐ意義について、次のように述べています。

「有田に構えるからブランドとして成立するんでしょうね。〔中略〕有田にいるからいい。ブランドとして成立する。（東京や福岡は）逆に有田より高くなるわけですよ、人件費も土地代も。そういうところに出ていく必要もないし。〔中略〕完全な伝統的なものは、やっぱり今右衛門さん、柿右衛門さんでいいんですよ。メーカーさんのやつは、どっちかというと伝統的なものづくりじゃないですもんね。」

伝統様式を受け継ぐ事業者には、伝統から乖離した新しい様式を簡単には採用できないジレンマがあります。有田の事例では、伝統様式を高い技術と技能で受け継ぎ、産地ブランドの形成の核となった中枢企業と、伝統技術や技能を基盤としながらも時代に合った新しい焼き物づくりに挑戦し、新機軸を考案した辺境企業は相互依存の関係にありました。その意味において、中枢と辺境の事業者が併存し、互いのものづくりを認めて破壊的な競争を仕掛けない不文律を維持することが産地の存続に資すると言っていいでしょう。

有田焼創業四〇〇年の節目を迎えた際のインタビューで、佐賀藩御用絵師の系譜を持つ今右衛門窯当主、十四代今泉今右衛門が筆者に語った言葉にも同じ思いが凝縮されています。

「守・破・離と言いますが、守の考えはありません。伝統は相続できません。受け継ぐものではありません。生活空間や生活習慣の変化に対して答えていくもの、作り手の好みよりも使い手・消費者の好みを反映させて、時代時代に求められるものを精一杯作る。その時代の最高の物を作る。その結果の四〇〇年であろうと思います。」

注

（1）　有田の沿革は、『有田町史 陶業編』『有田町史 商業編』に基づく。産地の事例は、百田陶園・百田憲由社長（二〇一六年三月二二日、二〇一八年四月二四日、二〇一九年三月四日、二〇二三年三月一五日）、松尾博文氏（二〇一八年七月一二日）、深川製磁・深川一太社長（二〇一八年八月一日）への著者によるインタビューにもとづく。二〇一六年七月二四日に静岡県掛川市で開催された十四代今泉今右衛門の講演も参照している。有田の経営学的研究には、柴田［二〇〇八］、山田・伊藤［二〇〇八］、山田［二〇一三］、山田［二〇一六］、山田［二〇一八]、山田[二〇二〇]、山田[二〇二二]がある。

(2) 酒井田[二〇〇四]二一～二二頁。

(3) 図表のデータは、佐賀県産業労働部長志岐宣幸のインタビュー調査(二〇一八年四月二四日)時に入手した。主要企業とは共販制度(窯元の商社に対する販売代金を組合が代行集金する制度)を採る佐賀県陶磁器工業協同組合、肥前陶磁器商工協同組合の事業者(二〇一四年約二六〇社)、直販大手二社(香蘭社、深川製磁)を指す。共販売上高は、窯元が共販制度を利用した売上高である。

(4) 大有田焼振興協同組合の設立から解散に至る詳細な考察は、山田雄他[二〇一九]を参照。

Ⅵ　伝統産地のアントレプレナーに学ぶ

本書では、伝統工芸品産地の新商品開発を基に、経営学の視点から産地の存続と地域活性化について考えました。山中の我戸幹男商店と有田の百田陶園の事例に共通する点は、地域に根ざす中小ファミリービジネスがアントレプレナーシップを発揮し、オープン・イノベーションによる新機軸の商品開発とその事業化に成功したことです。

長く事業を営むことは、決して簡単なことではありません。しかし、企業にとって本来の目的です。宅急便事業を成功させたヤマト運輸の小倉昌男は、次のように述べています(1)。

「企業の目的は営利であり、利益が出ている会社が良い会社であり、儲からない赤字の会社は、いくら良い商品を作り、優れたサービスを提供しても、良くない会社だ、という考え方の人もいると思う。要するに企業の存在価値は利潤を生み出すことにある、と割り切るわけだが、はたしてそれが正しい考えなのだろうか。私はそうは思わない。企業の目的は、永続することだと思うのである。永続するためには、利益が出ていなければならない。つまり利益は、手段であり、また企業活動の結果である。」

伝統的な漆器や陶磁器の産地が生き残るには、産地間の厳しい競争を勝ち抜く必要があります。そのためには、産地の個性を生み出す伝統技術の継承や技能の伝承が欠かせません。

伝統技術や技能によって、顧客への訴求力を持つ商品は、産地間競争で優位性を生み出します。事実、数百年存続する漆器や陶磁器の産地では、地域の歴史や文化を反映した伝統技術や技法が受け継がれ、その特徴を活かした商品が開発されてきました。

しかし、優れた伝統技術や技能を受け継ぐ人々が個々の力を発揮すれば、必ず産地が生き残れるわけではなく、事業者の盛衰や新陳代謝は避けられません。伝統産地の生き残りは、地域に埋め込まれた様々な歴史的、文化的要因を反映した人々の活動と、事業者が取引を通じて織りなすビジネスシステムが基盤となります。そのビジネスシステムには、事業者の競い合いと職人の切磋琢磨が組み込まれていました。そうした産地内競争が支える協働と人材育成の仕組みだからこそ、産地間競争を生き抜く力を生み出したのではないでしょうか。

本書で取り上げた事例では、コピー商品を作り、産地内で互いを潰し合うような破壊的な競争は避けるという競争の不文律がありました。事業者には、自らの生き残りを第一に考えるが、産地と自らの事業との存続が表裏一体であるという共通認識があったのです。

そして、伝統産地が時代や環境の変化に適応して生き残っていくには、これまで主力であった伝統的な商品とともに、顧客へ新たな価値を提供できる新商品の開発が欠かせません。そのためには、伝統に固執した硬直的な経営ではなく、伝統を活かして時代に合う新商品開発に挑むアントレプレナーシップを発揮した活動が求められます。

山中の「KARMI」シリーズと有田の「1616」シリーズの事例では、産地に根ざす企業が、異業種で活躍したプロダクトデザイナーや海外のデザインスタジオと共同で新商品開発のプロジェクトを進めたことが鍵となっていました。プロジェクトは、産地の歴史や伝統と高い技術や技能を評価した外部の専門家と一緒に伝統様式の商品をゼロベースで見直し、現代のライフスタイルに合う新機軸の商品とすることを開発の基軸に据えていました。

我戸幹男商店や百田陶園のようなアントレプレナーは、単に伝統技術や技能を墨守するモノづくりをしたのではありません。時代や環境の変化を感じ取り、新しい情報や知識を産地の外から取り入れて創意工夫を重ねました。伝統を活かした革新的な商品は、産地に根ざすアントレプレナーのオープン・イノベーションから生み出されたのです。

伝統を活かして革新を実現するアントレプレナーには、産地で代を重ねて事業を承継するファミリービジネスが多いことも事実です。我戸幹男商店と百田陶園も産地に根ざして事業を営む土着の中小ファミリービジネスでした。

創業した地域の雇用とブランドを支えるファミリービジネスは、事業を長く営むことが義務であると言えるでしょう。利益の追求という経済的インセンティブだけではなく、地域を支える企業としての社会的な責任に裏打ちされた経営は、伝統技術や技能の継承と密接な関係を持つはずです。そのために、ファミリービジネスは、地域のステークホルダーとの関係に強くコミットすることが求められるのです。

地域に根ざすファミリービジネスは、その活動をステークホルダーにモニタリングされています。大都市では代替的な取引と利害関係者が多く、自らの趣向と相性が良いステークホルダーとだけ関係を持ち、ファミリーと事業の存続を図ればよいかもしれません。

しかし、地方では、必ずしもそうはいきません。歴史的経緯を持つ関係性が埋め込まれた地方では、相性の良くないステークホルダーとの関係も無視できないのです。他の事業者を犠牲にしても自分だけがよければいいという認識や活動は、地域のステークホルダーの支持を得られません。とくに、中枢企業は、地域の経済や社会への影響力の大きさから辺境企業よりも強くモニタリングされ、それゆえに自制を求められるでしょう。

地域で変化を起こすきっかけづくりができるのは、他の地域から来た人や先入観のない若い人、そして馬力のある人たちである「よそ者」「若者」「馬鹿者」とよく言われます。しかし、起こされた変化を持続する主役は、地域に根ざして代々事業を承継してきた正統性を持つ土着性の強いファミリービジネスの事業者ではないでしょうか。

土着のファミリービジネスは、事業とファミリーの存続を第一に考えるアイデンティティを形成しています。生き残りに不可欠な経済的利益の追求だけではなく、地域社会に長く関与してきた経緯を持つがゆえに、地域の活性化に大きな役割を果たせるはずです。

「伝統」と「革新」という言葉は、対をなしてよく使われます。長い歴史を持つ伝統工芸品産地では、伝統工芸の優れた技術や技能が継承されるだけでは、名家は残っても産地が長く生き残れるとは限りません。伝統様式を受け継ぐ老舗であっても、産地が衰退してしまうと名工の家が残るに過ぎません。産地の伝統を受け継ぐ代表として存続してこそ、顧客への強い訴求力を維持できるのです。

伝統工芸品産地の事例では、伝統技術や技能を活かし、それらを現代の生活に合わせて変換するイノベーションを構想して遂行するアントレプレナーが、革新的な商品を開発して価値を創り出しました。そうした地域に根ざすアントレプレナーは、歴史的経緯を踏まえて互いをリスペクトし、各々の立ち位置で地域活性化の持続的な牽引力になっていました。

伝統産地の事例からは、地域活性化を改めて考える際の大切なヒントを得られるのではないでしょうか。伝統産業が地域の経済や社会を支えてきた歴史的な経緯に鑑み、そこから新機軸の担い手として地域の将来像を描くための貴重な教訓を学び取るという姿勢こそ、現代の日本社会に生きる私たちに求められています。

注

（1）小倉昌男『経営学』二八九頁。

参考文献

伊丹敬之［一九九八］「産業集積の意義と論理」伊丹敬之・松島茂・橘川武郎『産業集積の本質――柔軟な分業・集積の条件』有斐閣。

伊丹敬之・加護野忠男［二〇〇三］『ゼミナール経営学入門 第三版』日本経済新聞社。

伊藤博之・柴田淳郎・出口将人・山田幸三［二〇一九］「山中漆器産地の存続の企業家活動」『滋賀大学経済学部リーキングペーパー』No.285、一〜二一頁。

小倉昌男［一九九九］『経営学』日経ＢＰ社。

カーズナー、Ｉ・Ｍ（西岡幹雄・谷村智輝訳）［二〇〇一］『企業家と市場とはなにか』日本経済評論社（Kirzner, I. M. [1997] *How Markets Work*, London: The Institute of Economic Affairs).

加護野忠男［二〇〇七］「取引の文化――地域産業の制度的叡智」『国民経済雑誌』第一九六巻第一号、一〇九〜一一八頁。

加護野忠男［二〇〇八］「取引制度の違いを理解する」『取引制度から読みとく現代企業』有斐閣、一〜一二頁。

柴田淳郎［二〇〇八］「企業間協働と会社制度――有田焼産地の事例分析」『国民経済雑誌』第一九七巻二号、九五〜一一二頁。

柴田淳郎［二〇一九］「長寿企業の長期存続プロセスにおける経営継承と事業転換――山中漆器産地のビジネスシステムと株式会社我戸幹男商店に関する事例研究」『甲南経営研究』第六〇巻一・二号、一〜二六頁。

下平尾勲［一九七八］『現代伝統産業の研究』新評論。

十四代酒井田柿右衛門［二〇〇四］『余白の美 酒井田柿右衛門』集英社新書。

シュンペーター、Ｊ・Ａ（中山伊知郎・東畑精一訳）［一九六二］『資本主義・社会主義・民主主義』上巻、東洋経済新報社（Schumpeter, J.A. [1942] *Capitalism, Socialism and Democracy*).

シュンペーター、J・A（塩野谷祐一・中山伊知郎・東畑精一訳）［一九七七］『経済発展の理論』上巻、岩波文庫（Schumpeter, J. A. [1926] *Theorie der Wirtschaftlichen Entwicklung*）.

チェスブロウ、H・W（大前恵一朗訳）［二〇〇四］『OPEN INNOVATION』産業能率大学出版部（Chesbrough, H.W. [2003] *Open Innovation: The New Imperative for Creating and Profiting from Technology*, Cambridge, M.A: Harvard Business School Publishing）.

チェスブロウ、H・W（栗原潔訳）［二〇〇七］『オープンビジネスモデル――知財競争時代のイノベーション』翔泳社（Chesbrough, H.W. [2006] *Open Business Models: How to Thrive in the New Innovation Landscape*, Cambridge, M.A.: Harvard Business School Publishing）.

中小企業庁［二〇〇六］『中小企業白書 二〇〇六年版』。

ドラッカー、P・F（上田惇生訳）［一九九七］『新訳 イノベーションと起業家精神（上）』ダイヤモンド社（Drucker, Peter F. [1985] *Innovation and Entrepreneurship*, New York: Harper & Row, Publishers, Inc.）.

沼上幹［二〇一八］『小倉昌男――成長と進化を続けた論理的ストラテジスト』PHP研究所。

バイグレイブ、W・D、ザカラキス、A（高橋徳行、田代泰久、鈴木正明訳）［二〇〇九］『アントレプレナーシップ』日経BP社（Bygrave, W.D. and A. Zacharakis, [2008] *Entrepreneurship*, John Willey & Sons）.

一橋大学イノベーション研究センター編［二〇二二］『イノベーション・マネジメント入門 新装版』日本経済新聞出版。

ファミリービジネス白書企画編集委員会編［二〇二一］『ファミリービジネス白書 2022年版』白桃書房。

山崎充［一九七七］『日本の地場産業』ダイヤモンド社。

山田幸三［二〇一三］『伝統産地の経営学――陶磁器産地の協働の仕組みと企業家活動』有斐閣。

山田幸三［二〇一六］「集積のなかでの切磋琢磨――競争が支える協働と工程別分業」加護野忠男・山田幸三編『日本のビジネスシステム――その原理と革新』有斐閣、一八三～二〇六頁。

山田幸三［二〇一八］「産地の自己革新と企業家活動――有田焼陶磁器産地の事例を中心として」『企業家研究』第一五

号、八一～一〇七頁。

山田幸三［二〇二〇］「オープン・イノベーションによる新機軸と産地の存続」山田幸三編著、尹大栄・山本聡・落合康裕・戸前壽夫著『ファミリーアントレプレナーシップ――地域創生の持続的な牽引力』中央経済社、一〇七～一三五頁。

山田幸三［二〇二二］「地域創生と企業家活動――ウィズ・コロナ社会におけるファミリービジネスの役割」『企業家研究』第一九号、一五～三二頁。

山田幸三・江島由裕編［二〇一七］『一からのアントレプレナーシップ』碩学舎。

山田幸三・伊藤博之［二〇〇八］「陶磁器産地の分業構造と競争の不文律――有田焼と京焼の産地比較を中心として」『組織科学』第四二巻二号、八九～九九頁。

山田雄久・吉田忠彦・東郷寛［二〇一九］『戦後日本伝統産業地域の組織変革――有田焼産地における企業者活動の歴史分析』近畿大学経営学部研究叢書。

町史類
有田町史編纂委員会編［一九八五］『有田町史 陶業編Ⅰ・Ⅱ』有田町。
有田町史編纂委員会［一九八八］『有田町史 商業編 Ⅱ』有田町。
山中漆器漆工史編集委員会編［一九七四］『山中漆工史』山中漆器商工業協同組合。
山中町史編纂委員会［一九九五］『山中町史 現代編』山中町役場。
若林喜三郎編［一九五九］『山中町史』山中町史刊行会。

〈謝辞〉

事例の内容については、株式会社我戸幹男商店・我戸正幸社長、株式会社正和・山岡秀和社長、株式会社百田陶園・百田憲由社長からコメントをいただいた。厚くお礼申し上げる。ありうべき誤謬は筆者に帰するものである。

著者紹介

山田 幸三（やまだ こうぞう）

大妻女子大学社会情報学部教授
担当科目：「経営学入門」「経営戦略論」など
生年：1956 年
最終学歴：神戸大学大学院経営学研究科博士後期課程単位取得満期退学、博士（経営学）／神戸大学

主著（単著）
『伝統産地の経営学――陶磁器産地の協働の仕組みと企業家活動』有斐閣、2013 年
『新事業開発の戦略と組織――プロトタイプの構築とドメインの変革』白桃書房、2000 年

〈大妻ブックレット 12〉

地域に根ざすアントレプレナーシップ
伝統産業と革新

2024年 6 月12 日　第 1 刷発行　定価（本体1400円＋税）

著　者　山 田　幸 三
発行者　柿　﨑　均

発行所　株式会社 日本経済評論社
〒101-0062 東京都千代田区神田駿河台1-7-7
電話 03-5577-7286　FAX 03-5577-2803
URL：http://www.nikkeihyo.co.jp

表紙デザイン：中村文香／装幀：徳宮峻　印刷：閏月社／製本：根本製本

乱丁・落丁本はお取替えいたします。　Printed in Japan

ISBN978-4-8188-2664-9 C1334

大妻ブックレット

①	女子学生にすすめる60冊 大妻ブックレット出版委員会編	1300円
②	英国ファンタジーの風景 安藤　聡	1300円
③	カウンセラーになる　心理専門職の世界 尾久裕紀・福島哲夫編著	1400円
④	AIのキホン　人工知能のしくみと活用 市村　哲	1300円
⑤	働くことを通して考える共生社会 村木厚子	1300円
⑥	女子大生さくらの就活日記 甲斐荘正晃	1400円
⑦	ミュージアムへ行こう　知の冒険 大妻ブックレット出版委員会編	1300円
⑧	近現代中国の儒教 銭 国 紅	1300円
⑨	生活保護を考える　これから社会福祉をまなぶ人へ 嶋貫真人	1300円
⑩	ことわざの力　救済と解放 村上　丘	1300円
⑪	書の語られ方 中国篇　書論通観1 松村茂樹	1500円
⑫	地域に根ざすアントレプレナーシップ　伝統産業と革新 山田幸三	1400円

表示価格は本体価格（税別）です